学校体育教学的多维度分析与阐释

罗 琳 著

中国纺织出版社

内容简介

学校体育是培育学生健康身体素质与良好品行的重要课程之一，对学校体育在学生整个求学阶段的重要性更是不言而喻，为了能够使人们对学校体育的教学工作有更好的认知，本书将系统地把学校体育教学的内容、课程设置、体育教育方法与某些具体的教学实践进行阐述与分析，在理论的基础上更加注重实践。本书主要针对人群为高校体育教师，或可作为体育教学领域研究者的参考用书。

图书在版编目(CIP)数据

学校体育教学的多维度分析与阐释 / 罗琳著. -- 北京 : 中国纺织出版社, 2018.7

ISBN 978-7-5180-4355-2

Ⅰ. ①学… Ⅱ. ①罗… Ⅲ. ①学校体育—教学研究 Ⅳ. ①G807.01

中国版本图书馆 CIP 数据核字(2017)第 291123 号

责任编辑：武洋洋　　　　责任印制：储志伟

中国纺织出版社出版发行
地址：北京市朝阳区百子湾东里 A407 号楼　　邮政编码：100124
销售电话：010－67004422　　传真：010－87155801
http：//www. c－textilep. com
E－mail：faxing@ e－textilep. com
中国纺织出版社天猫旗舰店
官方微博 http：//www. weibo. com/2119887771
北京虎彩文化传播有限公司　　各地新华书店经销
2018 年 7 月第 1 版第 1 次印刷
开本：710×1000　1/16　　印张：13. 875
字数：252 千字　　定价：62. 00 元

前 言

学校体育的教学工作一直是关乎国家未来体育人才的重要环节，良好的学校体育教育不仅能够在一定程度上增加和刺激学生对专项技能的学习兴趣，而且对培养学生的终身体育观念也有非常重要的作用。市面上关于学校体育教学的书籍非常之多，但是将理论与实际相结合的书籍却少之又少，本书首先将学校体育教学的理论进行阐述，然后通过两项学校体育教学中最为常见的体育项目，将学校体育教学的理论应用于实践当中，将理论与实践相结合，为取得良好体育教学效果奠定良好的基础。

本书大致分为两个部分，第一部分为第一至第四章，第二部分为第五与第六章，第一部分主要阐述了学校体育教学的一些理论，第二部分主要阐述了在理论指导下的学校体育教学实践。第一张主要阐述的是体育教育概述（体育教育思想、体育教育的历史沿革及发展趋势、体育教育的本质）；第二章主要阐述的是学校体育的目标（学校体育及其目标的结构、学校体育的目的与目标、学校体育目标的制订、学校体育目标的实现）；第三章主要阐述的是学校体育课程研究（学校体育课程的学科基础、学校体育课程的编制与实施、学校体育课程的学习与评价、学校体育课程资源）；第四章主要阐述的是学校体育教学研究（学校体育教学的内容与方法、学校体育教学的组织与管理、学校体育教学的设计与评价、学校体育教学之体育教师）；第五章主要阐述的是学校体育教学之篮球教学（篮球运动的技术教学实践、篮球运动的战术教学实践）；第六章主要阐述的是学校体育教学之足球教学（足球运动的技术教学实践、足球运动的战术教学实践）。

本书从头到尾始终坚持实事求是的精神，从学校体育教学开展的实际情况出发，最大限度地突出了本书的实用性、科学性和先进性，进而希望能够让学生科学地参与体育运动。

本书在撰写过程中参考了与学校体育教学有关的大量资料和书籍，在此向有关的专家学者致以诚挚的谢意，由于作者时间和精力的限制，本书中难免会存在不足之处，还希望广大师生能够予以批评和指正。

作者

2018 年 6 月

目　录

第一章　体育教育概述

体育教育有别于劳动技能、德育、智育和美育教育，体育教育突显了体育教育在未来社会中的价值和意义，发展趋势体现了当今教育改革对体育教育的要求，具有鲜明的特点和功能，体育教育表现出更加明显的功效和必要性。在当今大力提倡和发展素质教育的同时，它们之间又存在一定的共性，它推动和促进了全民综合素质提高的进程。

第一节　体育教育思想

一、体育教育的定义

对体育教育概念进行界定之前，体育教育无论在教育基本理论还是单纯的教育中都是必须在体育实践中才能体现和反映体育教育成果的，体育教育是教育和体育两者相结合的产物。体育教育的产生受到我国教育的影响和制约，这是由于人们对体育教育的认识不够充分。以下内容主要是针对我国的“教育”和“体育”两者的涵义进行阐述。

（一）“教育”的概念

最开始的教育，并不是以一种词语形式出现的，而是在我国的甲骨文中，以单字的形式出现的，最早的文献由我国的孟子的《孟子·尽心上》中提到：“得天下英才而教育之”，东汉年间许慎在《说文解字》中说道：“教，上所施，下所效也”“育，养子使做善也”。

教育是人们采用一定的手段和方法，把隐藏在人们身上的某种具有意义的东西引导和开发出来，对人们的发展和成长有着重要的意义。

总体而言，教育是要经过精心设计和组织的，并促进个体社会化和社会个性化的实践活动，不管是英文还是汉语，能满足人类自身发展的需要，有意识、有目的、有计划地使学生身心获得全面、积极、有效的发展，它有其固定的内容、结构和程序，不能随意进行。

可以看出，作为一种教育方法，教育可通过一定的手段和方法，有利于促进社会的进步，它对人类社会的发展产生一定的积极影响。

（二）“体育”的概念

我国使用“体育”一词还要追溯到清末时期，1896 年上海南洋公学师范学校附属小学的《蒙学读本》首次提出：“泰西之学，其旨万端，而以德育、智育、体育为三大纲”“体育者，卫生之事也”。那时的体育与人们的生产和生活有较密切的联系，从“体育”这个词的简单涵义来看，单纯指机体的基本活动，它是一种对身体发展有益的途径，作为一种社会现象或活动早在远古时期就已经产生，甚至可以与当时的劳动合为一体。

在清政府颁布的《奏定学堂章程》中规定各级各类学校必须开设“体操科”，在之后的一段时间里，“体育”的涵义被“体操”所取代，直到 1923 年后才被改为“体育课”。[1]

发展至今，对体育的目的和功能的理解也大相径庭，如今的社会状况，体育是一种以身体练习为基本手段，许多国家对体育目的的基本认识都趋向于增进人的身心健康发展，但世界各国学术界对体育的概念仍不能形成比较统一的认识，由于不同时代社会发展的特征和要求不同，有一点是毋庸置疑的——体育必须是以人体运动为基本手段和表现形式。此外，体育具有一定的教育性，是一种积极有效的社会行为，这些观点都有利于对体育概念和本质研究的深入。

就社会发展的角度而言，为社会政治、经济、文化等方面的进步起到一定的作用，体育还应该提高全民的身体素质，体育具有双重属性，即教育性和社会性。

因此综上所述，体育是推动社会进步和发展必不可少的因素之一。也是以增进人们身心健康、提高生活质量、发展运动能力、促进社会和谐发展为目的的一种教育形式和社会现象。

（三）“体育教育”的概念

在我国最早提出“体育教育”这一概念的人是 20 世纪 20 年代的南京中央大学的体育系主任麦克乐。体育概念由于受到体育教育性质和功能等因素的影响，这就是体育教育的概念是随着时代的变化而变化，也就是说体育教育概念并不是一成不变的，这是通过社会的需求和时代的发展特征

[1] 冯增俊. 当代国际教育发展［M］. 上海：华东师范大学出版社，2002

不同而界定。由于体育教育概念的提出，使我国的体育教育、体育和身体体育等的概念有了明确的划分。

一直到1994年出版的《学校体育大辞典》中指出："体育亦称体育教育，学习掌握体育知识技能、发展身体、增强体质的教育活动，是对人体进行培养和塑造的过程，是教育的组成部分"。随着《学校体育大辞典》的颁布，我国才开始使用这个词语，这个词才被用于国家颁发的一系列教育法规和文件中。体育教育主要有以下几种论述。

（1）以发展身体、增强体质为主要任务，体育教育指身体教育。

（2）体育教育活动规定：传授体育技能、传播体育理论知识和教授体育技巧等教育活动。

（3）通过身体技能的传授，来培养体育道德，通过身体活动传授锻炼身体的技能，增强体质，有计划的体育教育可以培养意志品质和体育的目的。

（4）体育教育对学生的身体教育和指导学生如何增强体质都是具有十分重要意义的，他可以促进学生进行全面的身体锻炼，做到有计划、有目的和有组织的锻炼，同时可以让学生更好掌握体育知识和培养良好的思想品德。

（5）体育教育是以身体练习为基本手段，通过人类社会的不断发展，人类的体质也在不断增强。

这是一种为丰富社会文化生活，促进身心全面发展，同时为了提高人们的体育运动水平和基本活动能力，而进行的一种有意识、有目的的身体活动和社会活动。

综合以上的几种观点我们可以认识到体育教育是通过有意识、有目的和有计划地培养道德品质，通过体育教育来进行体育文化传播，增进身心健康和社会适应能力为目的的教育过程或社会活动。

二、体育教育基础思想

综观体育教育的发展历程，体育教育思想在历史的变迁中逐渐地发展和完善，在当今和未来社会发展进程中，随着社会和人类的进步与发展，我国的体育教育思想在经历了封建社会、半封建半殖民地社会后，越来越明显地表现出社会性、人文性和科学性。体育教育思想的发展也跟随着国家的发展史经历了对外战争及国内阶级斗争一次又一次的冲击，至今形成了丰富的内容体系。体育教育思想将在人文教育思想和科学教育思想的共同作用下朝着多元化的方向迈进，影响着体育教育思想的改革和发展，在我国教育事业发展中体育教育，体育教育思想的发展得到了逐步的推进，主要从国外引进并向具有我国特色的独立发展转变，由社会形态的转变导致对社会成员基本素质和能力要求的转变，实际上这也使得我国的体育教育获得了更强的生命力。但就在这个过程中由单一的生物学科向生物、心理、社会等多元学科发展，还是几种体育教育思想并存，都是单纯生物体育观、身心二维体育观、生物、心理、社会三维体育观及人文体育观四者之间的斗争，其结果直接决定了体育教育思想的取舍。

体育教育发展是以某一种体育教育思想为主体，只有充分地认识到体育教育作为一个独立的系统所具有的属性，究其根源，就是体育教育在其社会性与主体性之间选择的结果。它只有作为社会和教育系统的子系统时与其他子系统之间的联系，才能理清我国体育教育思想发展演变的主线索，为体育教育思想在未来社会中的发展准确“把脉”，才能进一步认清体育教育在我国发展史中曾经扮演的角色，以及它在未来社会发展和人类进步中肩负的使命。

体育教育已经是体育事业发展的必不可缺少的教育课程了，同时也是体育发展必不可少的组成部分。

（一）体育教育思想的定义

《教育大辞典》对“教育思想”的定义为：“教育思想即对教育现象的认识，主要包括教育主张、教育理论、教育学说。大致分为两个层次：一是零星的、不系统的看法、想法、主张、要求与建议；另外是指经过深入探索而提出的系统的教育理论、教育学说，在一般认识上，通常将“思想”等同于“观念”，在《新华词典—2001 年修订版》中，“思想”是指“客观存在反映在人意识中，经过思想活动而产生的结果”，或是“念头、想法”“社会存在决定思想，思想又具有相对的独立性、对社会存在反作用”“观念，泛指客观世界在人头脑中的反映，与意识、精神、思想等相同”。教育思想和教育观念在一定程度上并没有严格意义上的本质区别，只不过后者较前者更加具体化、感性化，但没有前者的系统性强。

体育教育基础思想首先具有社会性、时代性、阶级性和历史性及民族性等各种方面的因素，我国的体育教育思想正是在这种因素影响下，为我国的社会发展和特定社会环境、阶级利益及时代背景产生了阶段性影响。

受“思想”概念的影响，在一定的时代和社会背景下，对各种体育教育活动的开展具有纲领性作用。通过纲领性的作用使人们充分认识到了我国教育现象的本质现象和教育的价值意义，同时教育系统的特性、看法和功能等，都被充分体现出一种较理性的方面。通过教育思想的充分体现，直接影响和决定着具体教育活动的发展和价值功效，属于意识形态范畴。体育教育思想还受个人思想的影响，决定着自身的世界观、认识水平、价值观和思维方式等，当具体指向某个人的教育思想时，从而带有个性化色彩。

许多研究者也有对“教育观念”的具体定义从宏观、整体的角度在体育教育的目的、任务、本质、功能、特点及发展等方面所形成的相对统一、普遍、稳定的看法或主张，“教育观念是在一定的文化背景下对众多教育现象和教育实践一次又一次的判断活动后逐渐形成的关于教育的总的概括性认识”“教育观念是一种教育现象的认识集合。

在教育哲学中，教育观念是人们对各种教育想象的观点、看法中比较稳定的深层内核，是人们较为稳定的教育价值和教育目标选择趋向构架，是具有广泛规范意义的教育价值评价标准的总和”。

教育思想和教育观念都是以人的培养的有关问题研究为核心内容的。

（二）教育思潮

思潮在《教育大辞典》中解释为“某个时期流行较广、影响较大的教育思想倾向。”思潮即是“某一时期内有较大影响的思想倾向”，不难看出，要解释这个概念，首先要知道何谓“思潮”，思潮具有限时性、主流性、倾向性等特征，或是“在一定时期内反映一定数量人的社会政治愿望的思想潮流。教育思潮作为思潮的下位概念，具有较大的声势和影响，有产生、发展、衰落的过程，有盛衰的社会原因，有一定的见解和主张，使教育思潮表现出明显的社会性、时代性特征”。

在人类漫长教育史中，在微观上，教育思潮则可以在一定程度上具体地涉及某项教育活动的开展，从宏观上讲，教育思潮包含的范围广、时空大、社会基础牢固，教育思想是教育思潮的具体表现形式，直接影响着教育决策的形成，它们的形成都与当时社会和教育的发展状况及曾出现教育的经济主义思潮、教育的科技取向思潮、教育民主化思潮、教育个性化思潮、终身学习思潮等教育思潮，社会和社会成员对教育的要求等因素密切相关，某一时期的教育思潮不能等同于教育思想来解释，二者属于从属关系，是形成于特定时期各种教育思想的理论基础和导向。

（三）体育教学思想

一般情况下，教学的主要特征是以实现教育任务为目的的，是教师的教与学生的学的双边共同活动。基于对“教学”概念的认识，体育教学是师生双方在教与学相互作用下达到传授，是实现体育教学目的和任务的基本途径，是掌握基本运动知识、技术和技能，增进身心健康，获得全面发展的活动。

要理解“体育教育思想”的涵义，就应先明白什么是“体育教学”，“教学”以课程内容为中介，是师生双方教和学的共同活动，是学校实现教育目的的基本途径，被认为是教师把知识和技能传授给学生的过程。

体育教学思想是以特定时期的社会状况和时代背景为前提的，反映了一定时期社会、教育、人们的需求对体育教学的要求，依照人才培养的要求逐步形成的对体育教学活动的本质、功能、目的等属性的理性认识和看法，与学校体育思想有本质上的区别，它不能混为一谈，因此不难得出，体育教学以学校体育思想理论体系为基石，它随着学校体育思想的变化而做出相应的调整，在学校体育思想的宏观指导下产生，更好地实现和完成学校体育教育的目的和任务。是学校体育思想的实践形式，是学校体育思想在人才培养上的具体反应。

（四）学校体育思想

对于我国的体育教育思想，在体育学术界有很多种说法，形成这种原因的主要因素是因为学校体育在我国是一种子概念，并不属于主流概念，因为逐渐形成的学校体育本质属性和我国的发展方向、目标及我国国情的发展基本规律等许多方面的看法和每个时期的不同主张是影响的主要原因，这是一种作为教育活动和社会想象而存在的。

受到社会主流教育思想和学校整体教育思想的影响，学校体育显然已经成为学校教育的重要组成部分，这是符合学校学科性质的，同时也是发展的需求，属于个性比较明显的特征教育思想。是人们在社会背景和时代发展中逐渐实践形成的，它非常具有社会性、民族性和时代性等，从整体来说属于学校体育观的反映。

学校体育思想是以一定的教育思想为理论基础，它是学校体育教育发展的蓝本，对学校体育的管理和发展有着积极的指导作用，总领着学校体育的各项具体实践活动，指引着学校体育作用的发挥。学校体育思想是人们在一定社会和时代的学校体育实践活动中，直接或间接形成的对学校体育的认识或看法。因此，在一定的历史时期内反映了研究者们对学校体育本质的认识与看法，甚至形成一种学术流派。

三、体育教育思想的特点

（一）时代性

每当社会发展到一个新的阶段，就会表现出一个特定的时代特征，现阶段体育教育是保证社会正常、快速运转的重要支柱，是教育的重要组成部分。它在这个特定的时期内对所有的人和事赋予了与之相吻合的特性，也体现社会现状及发展的要求，这种时代特征是各种社会现象和社会实践活动的综合体现，体育教育思想的确立符合教育改革和发展的趋势。

在战争年代，体育教育主要体现在培养军事人才上，随着时代的变迁，体育教育为人自身的全面健康发展保驾护航，现如今体育教育已不再是主要为战争服务。这说明，体育教育思想产生了与之相呼应的变革。

（二）民族性

体育教育应具有本国、本民族的特点，从清末时期《奏定学堂章程》的颁布到新中国成立初期，再到信息传递如此发达的今天，我国主要实行的体育教育思想基本上从最开始都是在效仿别国，究其原因，在大量学习别国经验的同时必须充分考虑不能盲目地全盘吸收，要将本土的特色与之相比较、相融合，除了战争性质变化的影响外，在这几十年中就出现了至少三种能主宰当时体育教育发展的体育教育思想。

体育教育作为促进社会发展和民族进步的途径之一，我国对国外成功体育教育思想的借鉴也在增加，世界各国间的相互沟通和交流也在不断加强，根据我国自身的实际需求和现状，通过全面地分析和对比，经过，去其糟粕，取其精华这样的整合后，应将两者进行有机地结合，切实地与本民族发展需求相符合，同时也体现了本国特色，所以只有形成的体育教育思想才能反映出世界发展趋势。

（三）指导性

体育教育思想从整体上规定了当今或未来一段时间内体育教育的总体发展方向，是对体育教育将来发展的判断。

这种具有预见性的主张结合体育教育自身的特点，是对当前体育教育核心理论的认识，主要是根据时代发展特征和人们的共同需求和功能而得出的具有科学性的结论，体育教育思想控制着具体的实施过程，包括教育目标、任务的制订，教育内容和方法手段的选择等。

（四）阶级性

在一定程度上，从发展的历程中不难发现，体育教育必须服从、服务于统治阶级的需求，从古至今，体育教育除了具有教育性质外，无论是哪个国家，它不仅为社会发展提供支持，也为统治阶级发展自身，而体现明显的社会属性，没有任何一种体育教育思想能脱离统治阶级的利益要求。

体育教育思想是在具体的体育教育实践中表现出的一种意愿和倾向，是社会发展的规律和必然，都独立存在于社会发展之中。

清末时期清政府使用军国民体育思想旨在培养能抵御外侵、平息内乱的军人，实质上起到的还是维持清政府封建阶级统治的作用，与其表现形式有所不同，当今我国的体育教育思想强调为人自身能全面健康的发展提供保证，但追根究底，它仍然具有一定的为国家利益服务的作用。

（五）长期性

体育教育思想能对未来体育教育的发展做出科学、合理的预测，受特定时期社会整体状况的影响，能结合社会发展的特征得到社会普遍认可的、关于体育教育核心内的认识，并且对体育教育在一段时期内所能发挥的功能和价值做出正确的判断，在一定的社会环境下从宏观上深刻阐述了体育教育的本质和终极目标。

体育教育思想对体育教育各个方面的发展所产生的决定性作用是能长期而稳定发挥的。

四、我国近代以来主要的体育教育思想

从整体上看，我国体育教育思想的发展伴随着体育教育的逐步实施而逐渐成熟和完善，从我国近代教育体制的建立开始，体育教育思想的蜕变史以清末时期作为正式发端，体现了我国的时代特点和民族需求，

我国近代以来的体育教育思想总体来说是在吸收欧美的自然体育思想主要是德国的国民体育思想和效仿日本的体育教育司思想，具体手段是借鉴苏联的体育教育思想。

我国体育教育主要是经历了从最开始的完全效仿到摸索前进再到效仿中和摸索相互结合，最终是明确发展方向，并向着多元化发展等几个阶段。这一体育教育思想的过程见证了我国体育教育思想、体育健康思想和体育终身思想等观点，同时也见证了我国体育教育思想发展的坎坷道路及体育教育思想在社会和人的逐渐适应和融合的过程。

（一）军国民体育思想

我国近代第一个正式、统一的教育学制，就是清政府于1903年鸦片战争之后，颁布了由张之洞、张白熙等人拟定的《奏定学堂章程》，即癸卯学制。癸卯学制仿效的是日本学制，其中规定各学堂必须开设“体操科”，“体操科”就是受到日本军国民教育思想的影响而设置的，主要练习兵式体操，以增强当时国家的军事力量。

军国民教育是军国主义的一种表现形式，在军国主义思想中，它突显了体育教育的社会功效，体现的是一种为了获得战争的胜利而肆意扩充军队实力的一系列军事思想、政策和制度，在此期间，成为当时的主流教育思想，意味着军国民体育思想实质是一种社会本位观，是为国家利益服务的，对人的个体需要有所弱视。

军国民体育思想是军国民教育思潮在体育教育过程中的具体应用，军国民教育思想在社会各界得到广泛地推崇，它的目标价值取向主要为“工具论”，国家被完全置于军事控制中，属于国家主义教育思潮的范畴，它以为实现国家侵略为目的。

在德国，其中的典型代表是希特勒时期的德国军国民教育强调对青年意志和身体的锻炼，宣扬暴力思想及法西斯的顺从教育。

而20世纪20—40年代的日本的教育形式，灌输人们“尽忠报国”“灭身切腹”的“武士道精神”，日本强调的是教育为“圣战”服务。军训同是两国开设的主要教育内容，其目的在于奴役和钳制人们的思想，管理上对学生的生活、学习都采用强制服从的军事政策，培养青少年成为实现侵略政策和目的的后备军。

在我国清末民初时期盛行的军国民教育，同样以军训作为主要的内容和手段，面对帝国主义列强企图瓜分我国的野心，主张的是在全社会实施军事教育，军国民教育从当时正积极提倡军国主义的日本传入，军国民教育被统治者和一些教育思想家视为强种保国、抵御外辱和对内剿贼的最有效途径。

无论是继续维护和实施封建统治的统治者，还是怀有一腔为民族解放激情的爱国者，及国内民众的起义，并无德日那种为对外侵略扩张服务之意，虽然我国的军国民教育与德日的军国民教育两者手段相似，但目的各异在我国强调尚武精神的教育和培养，他们的最终愿望都是要达到救国图存、挽救民族危难等目的。

这种体育教育思想在移入我国时，由于我国的社会环境，处于民众救亡图存的一种状态，所以我国的民众并没有过多的时间对体育教育思想和体育教育的理论进行实际的功能研究和对体育作用等各方面进行全面的分析和细致的理解，就已经开始直接通过表面作用（强国、强种和强兵）进行广泛的推广，匆忙的接触必然会存在各种不足的，但是不管以何种方式接触都对我国体育打开了历史性的大门。清政府力图维持其统治地位等各种迫切社会需要的影响，效仿日本以兵操为主要内容进行教学。

这种教育思想对兵式体操的过分偏爱，导致他们丧失了自我，严重影响和损害了身心健康发展，也导致了体育教育过程容易出现枯燥、乏味和机械的状况，享受体育、创造体育的权利被剥夺，学生仅仅是为实现国家利益的顺从奴隶，因此在教育过程中该思想强调整齐、严肃、统一的军人作风，军国民体育思想无论是在管理制度的建立、组织形式和教育内容、方法的选取，还是师资的培养等方面都渗透了浓厚的军事色彩，正是因为军国民体育思想明显的军事化，为以后体育教育在社会中地位的确定及其体制的形成发挥了促进作用，也在一定程度上改进了当时溃散的不良社会风气，因为它受到统治阶级的重视和强调，这对我国体育教育思想的发展起到了一定的作用，逐渐地使得人们也开始对国民体育关注，人们的关注，使得军国民开始对体育思想进行广泛地实施，这在一定程度上对我国的体育教育思想形成了一种推动作用，具有一定的积极作用和进步意义。

在国家政治、军事、经济、阶级利益等方面着重突出的是体育教育的社会属性，由此可见，它所发挥的功效，并不是由那个国家催生的，其不管是国家也好还是社会环境的影响也好，都是为了实现过国家利益和民族的发展生存为目标而进行服务的。

军国民体育思想价值取向抹杀了体育教育的真义，是一种典型的工具主义教育思想。但是军国民体育思想价值取向正好迎合了国家急于发展和壮大的社会心理，从而掩盖了体育教育的人文属性。

（二）自然主义体育思想

该思想主张体育不仅要注重运动技能的学习，主张教育的出发点和归宿在于满足和发展儿童的生活需要、兴趣和能力，这种体育思想突出的特点就是运动的选择要顺应锻炼者的需要和兴趣，在教育过程中要遵循儿童生长发育的自然顺序，明确了体育教育与学校教育的关系，不过多干涉和约束且任其发展，尊重儿童的自由选择，以发展儿童的自由个性，利用自然条件进行各种身体活动，强调锻炼要按照学生的年龄和身心特点进行。

并且形成一套通过自然环境磨炼使儿童在大自然中成为具有较强自主性的“自然人”“自由人”的体育锻炼方法，采用跳跃、爬树、游泳、跑步、徒步等方式方法，在大自然中利用自然界原始的各种障碍、条件及环境的变化，增强他们对自然界的适应能力，不仅锻炼了身体，培养了自由，而且还增强了自主的能力与习惯，磨炼了儿童的意志。

早在古希腊时期亚里士多德就已经有了教育要与儿童自然发展相适应的思想，提倡人性解放，强调人的自然本性和价值。

源于近现代的西方自然主义体育思想的影响，在文艺复兴时期形成了一宗教育理论，就是在自然主义的教育思想基础上逐步发展成一宗有关于体育教育的学说，发对宗教神权对人权的侵犯，主张教育要遵循儿童的自然发展规律。

法国伟大的启蒙思想家、教育家卢梭在他的著作《爱弥尔》之中凸显了自然教育理论。从夸美纽斯认为的自然界扩展到了儿童身心发展的自然顺序，延伸了“自然”的涵义，卢梭认为人们所应受的教育来源于自然、人和事物三者，自然环境能使儿童获得全面锻炼和发展。

通过社会时代的发展，体育教育思想逐渐地成熟起来，瑞士的资产阶级民主主义教育家裴斯泰洛齐提出：教育要遵循儿童自然地生长规律的原则，主张教育首先要学会激发儿童的潜意识，同时发展儿童的天赋。

英国唯物主义哲学家、教育家洛克在其著作《教育漫话》中认为最好是在自然环境中用顺应儿童自然发展规律的方法锻炼他们的意志，在增进儿童健康的过程中，提出健康的精神来源于健康的身体。

美国实用主义哲学家杜威受实用主义教育思想影响，培养学生正确稳定、长期的体育思想、态度和习惯，明确指出体育应为人们的生活服务，持续进行体育活动，以提高生活质量和水平，使他们能够把在学校学到的各种知识和技能有效运用于生活中，自然主义体育思想应成为生活的一部分。

此后，一位德国教育家古茨穆斯促使德国早期的体育教育形成了自然主义教育体系，将体育教育有计划地纳入到日常的教学活动中，形成了相对比较完整的理论研究和实践体系；1774 年，德国教育家巴泽多创设了博爱学校，主张在假期采用自然的环境和手段对学生进行身体、意志、技能的训练。

卢梭回归自然的教育理论在十八世纪末的德国和瑞典的学校体育教育部都得到了验证，对德国和瑞典的学校体育产生了积极的重要影响，这种自然主义体育思想在学校教学中有了很好的进展，同时也提高学生的体质。

对科学与民主思潮的大力宣传和倡导，是在我国的五四新文化运动期间，人们逐渐认识到军国民体育思想是为帝国主义侵略服务的根本特性，纷纷开始对其进行抨击和否定。

欧美国家盛行的自然主义体育思想，以及留美回国学者的积极宣传，伴随着基督教青年会体育活动在我国的广泛开展，最终成为人们反对以兵操为主要内容的军国民体育思想的有力武器，而这一反对在当时社会中逐渐获得人们的认可并被推广。

民国政府教育部在进步思想的“催讨”下，于1922年11月1日发布了《学校系统改革令》，这个学制受美国教育思想的影响较深，教育史上称为“壬戌学制”。教学内容正式废除了兵操，在学校体育方面，此学制和次年公布的《新学制课程标准》都把“体操科”改各为“体育课”，开始了对学校体育全面、系统的认识，体育课和课外活动内容一致，代以田径、球类、游戏等。与军国民体育思想相比，在自然主义体育思想的影响下成为我国体体育教育思想的主体地位，是当时一种主流体育教育思想，为我国的体育教育思想翻开了崭新的一页。

自然主义思想的传入在我国得到迅速发展和传播，因为这种思想更符合人类的体育教育的实质性发展，同时可以更好地满足人们需求，丰富了人们体育教育的内容和教学形式，这种思想的优越性自我国体现得淋漓尽致，对我国近代体育教育的发展及理论体系的初步构建具有积极的促进作用。充分燃起了学生的学习热情和愉快的课堂气氛更大地激发了学生的主动性，为人们创造体育学习和掌握体育知识提供了很好的氛围。

自然主义体育思想的推行还拓宽和加深了人们对体育教育及体育的认识和理解，为西方体育运动在我国的广泛发展创设了条件，较好地促进了课外体育活动及业余训练的开展。

由于自然主义体育思想对田径、球类等竞技运动的推崇，积极地推动着体育教育朝着健康、科学的方向发展，同时各种运动竞赛制度也相继建立起来。

另外所提倡的发展儿童的个性、教育必须适应儿童身心发展的特点，无论是当时还是现在，也不能忽视自然主义体育思想对体育教育的负面消极影响。强调体育的教育作用、培养儿童的体育意识及终身参加体育活动的习惯、促进个体的全面发展等观点，对以后体育教育的发展都具有进步性和指导意义，自然主义体育思想极力主张以学生为中心，认为在学生受到运动教育的同时，自然而然会获得健康的身体，增强体质是体育运动的副产品，由于自然主义体育思想强调体育的育人作用，过分强调教育的出发点和目的在一定程度上削弱了教师的教学积极性，为了适应学生的兴趣及个体发展需要，容易滋生松散、涣漫的教学现象，不利于学生获得系统、全面的体育知识，导致学生不能有效的从事身体锻炼，因而也影响了体育教育工作正常、有序地开展。

（三）终身体育思想

终身体育教育思想影响深远，自从20世纪20年代开始一直到60年代变得广为流行并根深蒂固的影响着全世界，这种教育思想最早开始是在古希腊时期的教育家和哲学家柏拉图在有关于哲学的教育思想探究时逐渐萌芽的，以及后来由亚里士多德提出闲暇教育思想等，都是具有现代终身教育思想的本质。

终身体育教育思想打破了传统的学校体育思想，从最开始文艺复兴时期的成人教育理论和实践规模的推广，使得这种教育思想开始大规模地出现，在一定程度上初步确立了终身教育思想。

联合国教科文组织成人教育局局长、法国成人教育家保罗·郎格朗在1965年的《论终身教育》报告书中指出："将人的前半生用于受教育，后半生用于工作的这种观点是毫无科学根据的，接受教育应是一个人一生当中永无休止的事情，教育应当在人需要的时候以最佳的方式提供给人必要的知识和技能"。

终身教育思想被联合国教科文组织认为是"知识社会的根本原理"，终身体育思想的提出也与其他教育思想的状况一样，不是只在儿童和青少年时代，主张教育应贯穿于人一生中的各个阶段。日本在20世纪70年代提出了"生涯体育"的观念，这使终身体育思想得到了初步的形成，并在中小学体育大纲中有了"一辈子参加体育活动"的论述，且把它作为体育教育的宗旨，到80年代中后期受到了社会、教育等方面因素的影响，开始在我国得到较为系统的传播。

终身体育思想是现代教育新思想对体育教育的新要求，要求人们要不断地坚持进行身体活动，以适应现代社会发展和变革的需求。现代科技的高速发展使人们的生产方式和生活方式发生了巨大的变革，随着人们空闲时间的增多以及人们对闲暇生活和自身身体健康关注的逐渐升温，它主张将有意识、有目的、有计划的体育贯穿于人的整个生涯。人们的体力劳动越来越少，而脑力劳动逐渐增加，所以这就要求现代学校对体育教育的培养不能够脱离实际，而是要求学生在各种环境要学会坚持和能够独立进行身体的锻炼，通过体育锻炼缓解工作中带来的压力和改善自身大脑发展出现的各种问题，防止出现大量的文明病和亚健康等问题的现象。

终身体育教育思想强调的是社会成员从出生到死亡，都要不断进行体育知识的学习和身体的锻炼，所以说学校体育应该强调的也是这种终身体育教育思想，通过体育教育使这种思想在我国形成一种重要的思想，使他能够陪伴人的一生，能够为学生终身从事体育锻炼提供有效和强有力保障。

为了使体育整体化和系统化，学校体育教学还应该和家庭、社区进行结合互动，使家庭和社区也成为学校体育的参与者，为人们在学前、学校、社会和家庭社区等不同时期不同的生活领域，都可以得到体育锻炼身体的机会。使不同的锻炼、教育方式连接起来，保证体育教育的连续性、完整性和一体性，使他们对体育锻炼形成正确的认识和态度以及坚持锻炼的习惯，改变以往认为学校体育是人一生中参与体育活动的开始和终结的错误观点，不仅要传授各种运动的基本技能和知识，对自己的体育锻炼做出正确的设计和效果评定，培养他们进行自主身体锻炼的意识及能力，使学生学会根据不同的锻炼环境和条件来选择合适的体育活动方式和方法，学校体育教育是一个不可或缺的重要阶段，终身体育思想具有明显的全民性、终身性、社会性特征，能重视培养形成自我锻炼的思想、习惯及能力，是建立一个体育社会的理想。

我国为了培养学生的主动性和积极性在1995年6月份颁布了《全民健身计划纲要》，其中明确规定学校体育教育要对学生进行终身体育教育训练，此文件的颁布为学生正确地进行体育锻炼和培养坚强的意志有很大的帮助，在一定程度上决定了体育的技能和学生进行体育锻炼时的习惯，终身体育思想自身带有的强烈时代性，或多或少地会带有工具论的涵义，但它有力地推动了学校体育向着人文化与社会化并重的方向发展。虽然终身体育思想是偏重从社会对人才的需求角度提出来的，但它在追求人终身健康能更好、更长久地为社会发展做贡献的远期效益的同时，也强调了对社会和体育主体的人进行体育意识、体育知识和技能培养的近期效益以及它与现代社会发展对人的要求之间的高度一致性，使其在学校体育教育中受到普遍的关注和重视，并且日益得到加强和完善。

（四）快乐体育思想

快乐体育思想认为情感是知识向智力转化的动力，源于我国20世纪80年代中后期的愉快教育和日本快乐体育思想的影响，以情感教育理论和终身体育思想为理论依据，快乐体育思想着重培养学生的非智力因素，是人格发展的重要途径，主张体育教育要从学生的心理和情感入手，是师生关系的调节剂和桥梁，使他们充分体验到体育运动蕴藏的价值和意义。该思想强调在教学中应将快乐的课堂气氛和个人情绪贯穿于各种身体活动之中，以便能充分激活学生积极主动地进行自我教育和身体锻炼的各种内部因素，培养他们的体育运动行为，形成积极、乐观向上的生活态度，有助于学生认识体育运动的本质，促进学生身心和独立、自由个性的发展，充分品尝到体育运动的乐趣。

快乐体育思想内涵包括以下内容：它能有效地激起学生积极主动地学习体育知识和技能的激情，使学生通过对运动技术学习和掌握而获得一种成功的快乐感受，让学生在快乐轻松的教学环境下体会到参与体育运动的快乐，是一种重要的学习心理体验。在学习过程中始终注重创设愉悦的课堂教学氛围，寓教于乐。由于快乐体育思想在具体的教学过程中是以小集团为主的学习形式开展的，学生的主体地位得到了尊重与发挥，极大地体现了体育教学的因材施教原则，有利于学生终身体育意识和能力的培养，学生可以根据所在集团中大部分同学的兴趣、爱好、特点来决定学习的内容、进度，这不仅增强了学生的创新能力，而且也提高了学生自主学习的能力。

不难看出，快乐体育面向的是终身体育。该教育思想从情感教学入手，以研究学生的情感需要、快乐需要、体育需要为出发点，认为体育教学是知、情、行的统一，十分重视学生的体育志向及和谐人际关系的建立，在教学中尊重学生的个性特征，从学生的内心深处激发起他们的学习动力，强调学生的主体地位，它将育体与育心相结合，用启发式的教学方法给学生留出了宽阔的自由发挥空间，追求的是身体锻炼中的成功乐趣和积极团结协作的精神感受，在教学过程中，改变了以往体育教学中单纯注重技能传授的观念，学生的学也不再是机械地被动接受，教师的教不再是强行灌输，但并不因此而盲目地推崇单纯性轻松、愉快的教学氛围，这就意味着在教学过程中将会较难准确把握它的实施尺度，快乐体育思想强调和极力主张的是学生按照个人的兴趣，自主、积极、主动地进行学习和探索，为学生的健康、自由发展提供了条件，快乐体育思想是一种体育心理教育思想，是以情感体验为主，所以生动活泼的课堂气氛还必须结合严密的课堂纪律，在实际的教学活动中就不容易出现一些不良现象。

由于对“快乐”涵义认识的不足和偏差，容易出现学生怎样高兴就怎么上体育课、学生想玩什么就上什么的状况，导致了在教学过程中会过多地注重课堂气氛的表面快乐，那种经过克服自身或外界困难才获得成功的深层快乐体验荡然无存，教学目的似乎就是老师要营造出让学生笑出最大声的课堂气氛。因为一些教师对学生个体和主体地位的片面和极端认识，滞缓了学校体育的发展，严重损害了学生的健康。由于快乐体育思想主张以小组的形式进行教学和学习，因此它对班级人数、场地器械的数量和规格及教师具备的知识和能力等有较高的要求，在我国目前的中小学甚至大学中，教学班级普遍规模大、人数多，在很大程度上限制了快乐体育的发展，而且地方政府、学校对体育场地的建设和器械补给支持不够，很难满足每个学生不同的学习和运动需求，快乐体育思想在注重运动技能传授的基础上，还要尊重学生对教学内容的选择，进一步强调了个体运动体验、情感感受等心理因素的发展，总的来说，其自身的局限性容易对体育价值的取向过于偏向本体论，以致一些不良教学现象出现。

（五）体质教育思想

20 世纪 70 年代末扬州会议的召开，标志着我国学校体育开始进入独立发展的时期，强调在学校体育教学过程中以发展学生身体及增强学生体质为主导。尽管如此，体质教育思想理论及其实践也存在着严重的不足。

在新中国成立初期，体质教育思想在我国学校体育思想发展史上一直占有重要的地位，增强学生体质教育思想针对新中国成立前形成的全民族体质普遍较差、不能满足国家建设的需要有过重大帮助，也是各学派有关学校体育本质属性争论的热点之一。没多久就被“苏联潮流”带来的运动技术教育思想取代，在加强国防力量的特定历史时期，我国学校体育过于注重竞技功能、忽视广大青少年体质以至学生体质普遍下降的状况，这一状况为我国体育教育的建立打下了坚实的发展根基。

体质教育思想认为增强学生体质就是学校体育的唯一目标，这一思想比较注重学生身体锻炼的直接效果和运动负荷的安排，而且还尽量选择适当的教学和评价方法与之相配套，这就使得学校体育教学实践目标明确、专一。

体质教育思想在很长一段时间里占据了学校体育思想的主导地位，由于它与我国当时的国情相适应，因此学校体育在一定程度上确实实现了增强学生体质的愿望和目的。

体质教育思想的提出表现出强烈的功利性目的，人们进行的强身锻炼无论是为了提高社会生产力还是军队的战斗力，都是由于人们对“增强体质”的认识受到政治、军事等因素的干扰而被扭曲。

现代则主要反映在为国家政治、经济等方面的发展服务，在近代增强人民体质主要服务于为了强种强国、救亡图存的军事上。

由于对增强体质直接效益的崇尚和迫切追求对学校体育目标的认识也过于表浅和单一，忽视了对学校体育其他功能的探求，使学生身心不能得到协调发展。

在教学过程中较多地强调增加运动负荷对增强体质的促进作用，它直接导致了教学方法手段的机械性，忽视了教学内容的枯燥乏味，同时也可能出现消极的影响。

体质教育思想在当时有限的教学实施条件和诸多不利因素的影响下，

在一定程度上忽视了对学生个体实际情况的研究，由于这种教育思想主要是以学生身体形态和运动能力为评价依据的评价的方法，要求和标准相对统一、单调，因此，自身理论体系中出现了较多的不完善，使得当时的学校体育着重关注学生单纯体质的改变，不能有效促进学生的全面发展。

（六）运动技术教育思想

新中国成立初期，急需注入各种先进的建设经验，学校教育在制度、管理、组织、教学内容等方面也出现了对苏联教育理论系统的全盘移植，这一时期，苏联主智主义教育思想对我国各学科教学产生了深刻而长期的影响。其代表人物是赫尔巴特，他认为在教学中不断地利用自己已有的观点去辨别和吸收新观点，就能越来越多、越来越系统地获得新知识，各学科教育都应该以知识的传授为本，并强调教师、教学组织形式和教材在教学过程中的中心地位。

我国作为一个后起之秀，从最开始的内外环境的影响，到“苏联的今天就是我们的明天”，及向苏联学习的口号在我国各行业迅速开展起来。所以当时比较厉害的苏联国家就是我国的学习对象，通过对苏联的学习和模仿，我国的发展和建设在经验和方法上都取得了很大的进步。苏联在世界领域属于较强的国家，而且苏联的国情也符合我国的国情，都是社会主义国家。这也是我国向苏联学习的原因之一。

主智主义教育思想主张学习真知，提高和发展重复性思考能力，推动人们去积极发挥个体认知能力在教学过程中的作用，提升思维水平，增强甄别能力。

这种教育思想在我国处于百废待兴的情况下，逐渐形成了以竞技运动传授为主的运动技术型的体育教育思想，由于受到了帝国主义国家的排斥，我国在国内外环境的影响下，更加确定了这种思想的理论，以它为基础为我国的学校教学组成添砖加瓦，促进学生身心发展。学校体育的开展为国家选拔后备人才提供了有力的保障，为培养高水平运动员，提供了竞技体育的基础，为建设体育强国服务，从而能为国争光。

体育教育思想中认为运动技术是竞技体育中不可被抹杀的文化，是一种教育过程中应该被重视的基础运动，尤其重视对基本运动知识、技术和技能的传授，并强调运动目的论和运动手段论的统一，这种强调主要是为了我国体育事业能够在世界体育竞技场上得到强有力发挥，因而突出的是教师、教材，课堂的中心地位，关键还应将它们代代相传，学习这些运动技术，提高国家和民族的国际地位和声誉，改变帝国主义国家在过去的战争年代以及新中国成立初期对我国的错误认识，向各国展示出自己的实力，开启我国与世界各国交流和沟通的新局面，并借此突破国际社会对我国的封锁。

我国的运动技术教育思想，在当时的社会环境下，确实对我国体育教育事业起到了积极的促进作用，对国家的发展也起到了独特的积极性。不可否定，这种教育思想在我国对学生也产生了一定的约束学生学习的自主性和压抑学生的创新性和主动性等影响。同时在教学中倡导整齐、统一的学习和评价方式以及教师的中心地位过度注意也是一种影响。

这种教育思想在一定程度上影响了当时社会对体育、体育教育的正确认识和态度，忽视了学生的个体实际情况，将学生体质的增强认为是在掌握基本知识、技术和技能过程中自然会出现的结果，在评价方法和手段上没有较好地做到区别对待。

这种教育思想强烈追求的是提高学生运动水平的短期效益，由于受到社会政治因素的影响较深，使体育教育出现了以轻视大多数学生增强体质要求为代价去换取少数学生竞技水平提高的恶性发展倾向，导致了广大青少年学生体质的下降，学校体育也因此而陷入了发展困境。

（七）健康教育思想

在毛泽东《体育之研究》中就曾提出学校体育应该是学生发展的保障，为我国学校体育改革和发展指明了方向。新中国成立后，健康教育思想的产生并不是突然的，由于之前国家长期处于战争状况，学生营养不足，社会各项事业发展较慢，体质和健康状况比较差，不能较好适应新中国建设的需要。

在1951年8月公布的《关于改善各级学校学生健康状况的决定》中指出："增进学生健康，乃是保证学生完成学习任务，并培养出有强健体魄的现代青年的重大任务之一"，但之后的"大跃进"和"十年动乱"使刚刚发展起来的健康教育受到较严重的阻碍，直到1990年3月《学校体育工作条例》的颁布实施才将"增进学生身心健康，增强学生体质"作为学校体育工作的基本任务写入条例的总则中。之后，1993年发布的《中国教育改革与发展纲要》和1999年6月13日颁布的《中共中央国务院关于深化教育改革全面推进素质教育的决定》分别提出了素质教育，使体育健康教育思想的内涵从单纯的身体健康向身体、心理、道德和社会适应能力全面发展的多维健康观转变。指出："学校教育要树立健康第一的指导思想，切实加强学校体育工作"，学校体育也因此详细、明确地确立了"健康第一"的总体思想发展方向，并深刻阐明了学校体育在素质教育中的重要地位和作用。

“健康”指的也仅是单纯的机体没有疾病和不柔弱，是为了发展社会主义生产力和加强国防力量服务的。健康教育思想的提出及其内涵、实质的改变和发展，与社会环境的变化也有密切的联系，与“健康”涵义的完善有关，片面地认为健康的身体只是为整个民族、社会所有的，然而解放初期所提出的健康教育主要针对的是学生柔弱的体质状况，并不属于个人。

由于社会竞争日趋激烈，20 世纪 90 年代后提倡的健康教育思想则是以对健康科学、全面地认识和理解为理论基础的，知识在社会发展中的地位也日益突出，给广大青少年背上了沉重的心理“负担”，无疑导致了学生脑力活动与体力运动之间被迫出现了巨大的不平衡，都市化产生的各种现代文明病逐渐向学生群体侵袭，使其身体得不到完全健康和全面发展。

此时的健康教育目的也不再仅仅只为国家、社会的利益服务，而较多地注入了对受教育者个体的关心和个性的尊重，强调突出学生的个体本位价值取向，体育教学的内容也由过去单一的身体锻炼转变为向学生传授基本的运动知识、技术和技能、卫生保健知识等，并在教学过程中不断培养学生良好的意志品质及进行终身体育的意识和能力。

新时期“健康第一”从各个方面提倡科学文明的生活方式，教育思想的提出对学生身心全面健康非常重视，以此提升人们的生活质量。“健康第一”教育思想较好地处理了体育教育工具性与人文性的关系，是人与社会协调发展的客观要求，使体育教育思想向着社会本位与个体本位相结合的道路科学、合理、全面地发展，是素质教育的基本要求以及现代学校体育的目的所在，是体育教育在未来社会可持续发展的基本保证和前提。

第二节　体育教育的历史沿革及发展趋势

伴随着我国体育教育发展历程的各种体育教育思想，我国的体育思想强调的是“育体”，在自然主义体育思想基础上军国民体育思想、体质教育思想、运动技术教育思想等学校体育思想都着重于对机体锻炼效果的追求，相对于快乐体育思想的发展，体质教育思想不是特别注重个体的心理体验和育心方法等影响，快乐体育思想等则偏重于个体的心理体验，突出的是育心体验。

但由于它们各自处于特定的历史背景，从不同的层面和角度上看都可以被认为有一定的育人的功效和目标，由于没能将育人的二要素——“育体”和“育心”较好地结合起来，导致了我国体育教育的扭曲发展，因而也就不可避免地出现了不同程度的偏颇。使得体育教育在满足社会需要和个体需求方面表现出了明显的倾向性，在实践中容易造成一定的片面性，由于各自的理论依据和出发点不同，阻碍了体育教育实质功能的发挥，导致许多极端现象的出现，从而也就影响到了人才培养的质量和人们对体育教育本质属性正确、科学地认识和把握。

正确、合理、科学的体育教育思想和谐、平等地融合在一起，才能反映出体育教育的为社会发展服务的功能，给体育教育旺盛的生命力和可持续发展的能力和空间，也不会忽视体育教育对社会主体人的关心，还能创建出具有中国特色的现代体育教育思想。

一、知识经济时代的发展趋势

“知识经济”概念的正式提出源于1990年的联合国研究机构，到1996年经合组织（OECD）又对这一概念加以明确地界定，是建立在知识和信息的生产、存储、使用和消费之上的经济形态，将其定义为以知识为基础的经济。

知识经济的产生是科学技术发展的结果，在21世纪之初，虽然我国总体来讲在相当长的时期内仍然是以工业化为经济发展的主要内容，但以知识和信息为标榜的知识经济潮流也已经袭来，并逐渐强大。

知识的产生、发展、传播、运用、创新等都是以人为载体的，这就决定了知识经济社会的本质是营造一个以人为本的能力社会。人的知识、智力和创新能力已经代替了土地、资本和劳力而成为主要的生产要素，它以智力为主要资源，以高技术产业为支柱，而且还是所有财富的核心，知识是社会发展的基础。随着信息时代的发展，以人力资源为依托进行创新性体育发展与我国的传统农业经济时代相比具有新型经济形态；与工业时代相比意味着我国必须具具备知识型人才和创新型人才，以人力资本为基础使我国体育教育得到增长和发展，

知识型人才和创新型人才的蓬勃发展通过信息时代的传播，可以更加快地表达出来，并得到迅速发展和及时更新。

知识经济时代的一切都以知识为基础，具有无限性、快捷性、敏感性、辐射性和替代性等特点。知识成为最基本的生产要素，所有的经济行为都依赖于知识的存在。

创新是知识经济的核心，创新的速度、价值取向决定着知识经济最终的成败。在知识经济时代，经济效益的提高主要依赖知识的创新、技术的革新。是社会的第一资本、第一资源和首要目的，归根到底，人及其知

识、智能和能力成为全社会运作的主体和核心力量，知识经济是一种人本主义经济。

学习化社会的形成也是知识经济的重要特征和必然要求，也是知识经济成败的关键因素之一。

二、人文主义教育思想与科学主义教育思想相互渗透

（一）符合社会发展和知识经济时代对人的需要

体育教育受到我国特殊的社会背景、经济状况、文化特征等因素的影响，在体育教育思想的演变过程中不难发现，弱视其个体本位的价值取向，经常被强化其社会本位的工具价值倾向，使体育教育长期处于缺乏人文关怀的尴尬境况。

未来我国必定是以人为本的知识能力型国家，突出体现我国的知识和能力为发展提供基础和核心力量，这一切的实现都把必须借助我国以人为本的思想，并在科学主义教育思想的影响下，对我国的体育教育起到积极作用。通过体育教育思想的发展，反映出我国在发展体育过程中对基本运动技术、原理、体育竞技和卫生保健知识的掌握，反映在体育教育过程中有效地进行终身锻炼的意识、能力、习惯的培养，使得终身教育将成为教育发展的必然趋势和要求。

（二）体育学科和体育教育发展的迫切需要

科学主义教育思想具有的对科学知识的崇尚特性，如果一味地强调和重视人文主义教育思想，将在一定的程度上限制人文主义教育思想对个体本位的无限扩大，体育教育必将走入自由、涣散的发展极端。

为了避免这些危险现象的发生，从而遏制人文主义在体育教育过程中的极端发展，应有效地弥补因对学生个体的关注而出现的对运动基本知识、技术和技能及卫生健康等知识掌握的不足和不全面状况。继续弘扬其传授运动知识的作用，这与人文主义教育思想的本质，人文精神在学校体育教育过程中得到合理、正确的发扬和充实，以及未来人文主义社会的实质和发展不相吻合。

人文主义教育思想的提倡，可以有效地克制科学主义教育思想将学生“物化”的现象，反之，如果只注重竞技运动理论知识、技术、技能的传授和对学生的强行灌输，仍以教师、教材为中心，不关心学生的个人发展需要，“学生喜欢体育，但不喜欢上体育课”的现象将越来越严重，将学

生从主体地位被弱视、个性及创新能力被湮灭的被动学习环境中解脱出来，才能使体育教育的发展不会被引入“死胡同”。在体育教育大力彰显其人文教育价值的同时，较好地淡化了科学主义教育思想的负面效应，并将其引向人性化的发展道路上。

对于人文主义教育思想和科学主义教育思想两者在体育教育中的地位，实质上并没有、也不应该有主次之分，二者对体育教育的发展都起着举足轻重的作用，所以应该辩证地去认识和理解二者的作用和价值。

在关于“最需要通过体育培养学生的能力”的问题研究中，通过华南师范大学体育学院陈琦教授对1711名大中小学生和369名老师进行的专项调查表明，社会需求和主体需求是需要相互结合在一起的，运动知识和技术的掌握及学生进行终身体育能力的形成也是需要相互结合的，这种相互结合有利于学生身心全面发展和增强学生体质，通过两者的相互结合可培养学生终身体育意识。

其结果明显表现出了，人文主义教育思想与科学主义教育思想在体育教育过程中的重要性，以及人们对它们的迫切需求。

第三节　体育教育的本质

一、体育教育的构成要素

（一）体育教育的内容

教育内容是教育者和受教育者相互作用的中介，缺少了它，各项体育教育活动都将无法开展，是教育实施的载体和教育价值的体现，体育教育目的和目标的实现以及体育教育功能的体现都需要体育课程作为纽带。体育教育内容也是教师体现自我价值的一种形式，为学生展示个人综合能力提供了机会，对学生和社会产生积极的影响。

体育教育内容的选择和确定，应该在微观上要认真研究教学中的各种实际条件和可能获得的支持，在宏观上要判断、把握社会发展和人类进步的需要。

1. 目的与目标

体育教育本质和功能在整体和宏观上对人和社会所产生影响的综合体

现，主要受社会发展和人的总体需求的影响，在非特殊情况下，体育教育目的的实现需要若干个体育教育目标作为铺垫。体育教育的目的规定了体育教育的发展方向，一旦确定就不能更改，体育教育本质受限于社会，还被个体的需求和实际状况影响着，具有较强的灵活性、层次性和阶段性，在一定层面上它可以因教育对象的不同而有所调整。

2．体育教师

体育教师在体育教育过程中，对体育文化起到一定传播作用，这种传播的意识，从最早的古人就已经有了，“师者，传道授业解惑者也”这句话就可以充分体现出来。体育教师工作职能不仅是体育知识和技术的传播者，更是体育知识和技术的培养者。

在教育过程中体育教师所采用的教学方法，体现了体育教师是具体组织者，教学内容以及其表现出的教学风格，体现了体育教师是体育教育的控制者和执行者，体育教师的人格特征和基本素养等都会影响到体育教育目的和目标的实现，对受教育者产生一定的影响。

3．教育环境

在我国体育教育中环境因素是必不可少的因素，其中包括场地的使用，器材的运用，教育环境还包括天气的变化，和地理位置等特征，人际关系和运动氛围也是体育教育的环境因素之一。以上这些都是体育教育过程中必须的因素，这些因素都在无形中或者有形中影响着体育教师的个人素养和体院教育的价值观，以及对工作的责任心等，同时也使学生对体育的态度和动机在个性和价值观情感等方面有积极或消极方面的作用，这些因素能直接影响体育教育的实施进程及效果。

4．方法

由于体育课程内容种类繁多，所以体育教学方法是课程内容快速、有效、合理地传授给学生的措施和途径，受教育内容的教授时间和效率要求及知识量大等因素的影响，因而所使用的方法较多也较灵活。

教师、课程和学生三者发生关系的桥梁，是我国社会现象一种比较普遍存在的现象，其最终目的都是为了教学任务在规定时间能够出色地完成。

5．学生

学生是教育的对象和目标，不管是任何类型的教育都是通过学生的行为和行为改变来实现和证明自身的价值和意义，任何正确形式和任何正确性质的教育在一定意义上都是对学生起到积极引导作用，体育教育的国际水平体现和体育教育的功能都是通过学生的身体的练习来实现和展现。所以说学生是知识的延续者，是知识的接受者，关系着体育教育是否能正常进行。

学生的生理、心理、运动水平、学习能力等方面，需要学生进行大量的身体练习，在体育教育过程中的实际状况将直接影响到体育教育的效果是否能顺利实现。

6. 反馈与评价

反馈和评价是通过体育教师根据学生的实际情况有针对性开展的，实施教学计划和教学内容，并通过有效的教学方法和积极的教学态度对学生进行快速有效地调整和改进。由此可见，体育教育过程是一个复杂的动态过程。

学生可以通过教师的评价、他人评价，为以后的教学积累经验，注意随时反馈和评价，从而力保取得最佳的教学效果，以及自我评价等活动的开展，准确找到解决办法，及时发现自己的不足，从而提高学习效果。

（二）体育教育的本质特点

1. 实践性

对于体育教育来说实践才是检验教学成果的有效途径，对于运动技术的学习和技能的掌握必须要通过反复多遍的练习和亲身体会才会有效地达到目标的要求，在具体的体育教育过程中，只有听、看、想象是远远不够的，甚至会对学生起到负面引导作用，所以在体育教育过程中一定要注意亲身体会。

身体练习表现为两个方面，教师的身体练习，其目的是通过直接的感官刺激使学生形成动作表象，是一种以直接感知为目的的教学方法，这种练习较多的表现是教师在教授过程中所做的动作示范，它加强对动作概念、路线、方向等方面的理解和定型。学生在学习和掌握动作技术过程中的身体练习，在此过程中加强对理论知识的理解和应用，其中包括了变换练习、模仿练习、完整练习、分解练习、重复练习等方法。这种学习过程主要经过泛化、分化、巩固和自动化几个阶段，各种运动技术和技能的形成必须经历反复的身体练习才能获得。

体育教育培养学生的体育思想、行为、习惯和兴趣、道德等，传授体育文化给学生，通过不断的身体练习实践中才能得以形成、巩固和发展。

2. 娱乐性

体育课程内容有部分是对人的生理和心理起到放松和调节功能的，使人的心情愉悦，除了运动技术的学习之外，其中的体育游戏和体育舞蹈的举行都是可以使人们在繁重的工作和学习中得到放松，体育竞赛和体育赛事的欣赏，社区体育的举办可以让人在生活中获得释放。

通过举办的各种各样的体育竞赛和体育活动，可以使人们的生活更加丰富，通过灵活的组织，可以加强人与人之间沟通，在这个过程中不仅可以让个人得到锻炼，还可以使小团体和俱乐部等得到很好的锻炼机会，通过锻炼调节他们紧张的情绪，舒缓烦躁的不良心理，从而促进人们心理健康地发展。

3. 健身性

体育教育的健身性是在频繁的身体锻炼中体现的，主要是为了提高身心健康发展，具体表现为呼吸系统的改变，神经系统功能的提高和心血管系统功能的提升，内分泌系统调节功能的稳定性增强等都属于健身性。

健身性的体现还需要教师根据学生的实际情况来进行安排，结合课程内容和学生实际水平安排适量的体能锻炼，不要超过学生的心理负荷和生理负荷，这两者对于学生的身心健康都是不利的，

适当的锻炼使学生逐步获得良好运动技术和技能的同时，身体和心理方面都有了良好的变化，不仅有利人的全民发展，还有利于引导正确的社会风气。

4. 连续性与阶段性

对运动技术的学习必须遵循由简到繁、由易到难的规律，人们从最开始的学前教育和初级教育再到中等教育和高等教育都是属于人们在接受体育教育，这四个阶段完全充分体现了阶段性和连续性，任何专业、任何学校的学科课程中都不能缺少体育教育，从入学的那天就已经开始接受体育教育并开始进行体育锻炼了，人的一生中体育教育始终没有被中断过，它受学生实际运动水平和身心特征的影响较大。

体育教育的连续性有利于学生明白自己的需求和兴趣爱好，明确自己发展方向，有利于学生对完整体育知识的掌握，培养良好的运动习惯和为以后离开学校后的终身体育教育打下夯实的基础。

在我国的体育教育中，这种连续性由于包括各个阶段，所以我国的体

育教育还包括阶段性，必须认识到，在制订体育教学计划中，多采用分阶段性的方式进行体育教育，主要是通过循序渐进的方法对学生进行有效的体育教育的教授和提高。同时还能有效避免伤害事故的发生，为运动技能的形成提高科学依据，这样便于学生对运动知识和技术的快速掌握。

5. 效果持续性

通过长时间反复的练习后，这项运动技术的结构和原理特征将在学生的脑海中形成深刻的痕迹，学生能自如地运用运动技术，逐渐形成对该运动的兴趣和习惯。

现在，在部分中学和许多高校都开展了体育俱乐部教学，利于学生对某项运动技术的深入学习，当学生进入社会后，这项运动技术仍然能保证他们顺利进行自主性的身体锻炼，有效地提高学生的运动积极性，更好地满足学生的运动兴趣需要，学生对体育锻炼的态度、价值观等的认识也将获得一定的进步，运动技能也会得到提高，体质得到持续、稳步地巩固和提升，这些对学生的身体锻炼意识和行为所产生的影响将是长期的，乃至终身。

6. 环境特殊性

由于体育教学多以实践为主，受体育课程内容及体育教育目的目标和特点的影响，体育教育不仅可以在室内和室外进行，还可以在校内和校外开展，一些隐形的环境也将对体育教育产生影响，大量的室外教学也会受限于气候与温度的变化。体育教育在教学空间上表现出较明显的特殊性。

环境的不同对体育教育也是会有一定影响的，各种体育运动技术由于需要许多的器材和适当的场地，以上两方面的硬性措施有了。接下来就是需要体育的氛围，学校和班级的运动氛围，人与人之间的关系和体育课堂上的氛围及场地器材的布置等都是影响参与者的动机和态度的，甚至包括参与者的价值观和情感品德等。

7. 内容多样性

体育教育的内容是根据学校和班级的情况而定的，然后参照学生个人情况和场地情况等多种因素，这些都是比较直观的体育运动。还有一些比如说生理卫生和健康教育等属于体育课程的重要方面，这些都是与运动技术有关的，运动休闲和体育欣赏也属于体育教育，这种讲授的主要是运动原理或者是保健方法和裁判方法等，以上这些都充分反映了体育教育内容的复杂性和多样性，同时也体现了学科综合性。

二、体育教育的本质功能

某事物在特定的环境中所能发挥的作用和能力，这种特定的发挥就是功能，体育教育在一定的环境和条件下对人和社会所能发生的作用和功效，就是体育教育的功能。

（一）体育教育本质功能

体育教育的本质功能：通过有计划、有目的的身体练习，在参与体育教育的过程中，学生和体育教师都在生理和心理上承受着持续性的运动负荷刺激，对增强体质、增进健康有积极的促进作用，有利于机体新陈代谢的加强以及各项器官功能的改善和提高。体育教育的本质功能主要表现在以下几个方面。

1．提高运动系统功能

促进骨骼的生长发育，提高运动系统功能，通过体育锻炼能有效增加肌肉力量和工作持续性，能积极预防骨折、骨裂等疾病的发生，对于处在生长发育阶段的青少年来说，有效提高骨的坚固性和抗压能力，使骨长度增加，骨直径增大，骨密度增加，就必须坚持进行适量的体育锻炼，其能有效促进骨骼的生长，使关节活动的范围和幅度加大，有利于运动损伤的预防和良好形态的形成。

2．提高运动能力

增强运动能力不仅可以使心肺功能得到增强，还可以通过长时间的锻炼使人体肺活量增大。有利于增强机体对氧气的摄取和利用，对于改善机体呼吸功能有很大提升。

体育锻炼还会有一些良性变化，在体育运动过程中，心脏发生运动型肥大现象，具体表现有心脏容积增大，心脏肌肉增厚等，这些良性变化提高了心脏的泵血功能，提升了血液运输氧气的效率。

3．神经系统和内分泌系统调节功能增强

神经系统功能的增强体现在一些对抗比较激烈、动作速度较快的项目，如乒乓球、羽毛球、篮球等。主要表现为机体内各种激素的分泌量趋于相对平衡，兴奋与抑制功能的稳定、完善以及反应灵活性的增强等方面，具有一定的稳定性和控制性，能有效保持机体物质代谢的正常进行。

4. 促进心理健康

体育教育针对当今社会的亚健康，有很多大的帮助，他可以使人们充分认识到自身的身体状况，当今社会竞争越来越激烈，人们的生活和工作的节奏逐渐在加快，这就导致人们经常会有焦虑不安和抑郁烦躁及自卑逃避等各种各样的现象出现，人们由于承受了来自各种各样的压力，如果不能够及时让这些压力产生的不良心理和情绪发泄出来那么就会对人们的身心健康有很多消极影响。

经常从事自己所喜欢或擅长的体育娱乐活动，对调节心理有积极的促进作用。扩大自己的交际圈，有利于提高社会认知能力和人际交往能力，增加对各种社会角色的认识，能更好地表现出自信、自尊、拼搏、竞争、团结协作、相互信任等心理品质。

5. 提高机体对自然环境适应能力

为了提高机体对自然环境的适应能力，我国的体育教育基本都是在户外进行的，除非一些必要的运动在室内，这种教育环境的设置，为外界环境的适应提供了很多条件和机会，也提高学生的免疫力和抵抗力。

6. 增强消化系统的功能

消化系统主要是对食物进行消化和吸收，长期的体育锻炼不仅可以促进消化系统中各个器官的功能，还可以帮助物质在消化道被完全分解，充分吸收促进身体生长发育。并给机体提供必要的营养物质和能量，提升机体的代谢效率和能量供给，增加消化液的分泌，提高消化系统中各种酶的活性。

（二）体育教育一般功能

1. 传承体育知识和文化，形成运动技能

通过进行体育教育不仅可以使学生学习良好的体育道德和体育精神，还可以使学生掌握一定的体育健康知识，培养学生的运动兴趣和爱好习惯等，通过体育知识和爱好兴趣的培养，可以使学生充分认识到体育教育的价值观和认识观和建立起卫生保健等方面的知识，使学生可以进行自主锻炼，逐步掌握运动的技能技术，通过技术能力的提高逐步形成终身体育教育的意识。

2. 培养良好的思想品德和顽强的意志品质

体育教育对学生进行积极地思想品德教育。能较好的培养学生的集体主义精神和集体荣誉感。

集体活动对于滋生的一些心理障碍，可以消除和克服，主要体现在比赛场上和场下队员之间的表现，也可以充分调动分工之间的积极性。使学生有种集体荣誉感，也容易使学生形成坚毅、自信、积极向上、吃苦耐劳、勇于拼搏、果断等优良品德。

3. 扩展人际关系，提高社会交往和适应能力

体育教育具有灵活多变的教育方法能有效培养学生的人际交往能力，相互之间形成谦让、平等、尊重、互助、信任的默契关系，能从别人身上吸收有利于提高自己的学习方法，通过与他人的一起进行学习和探讨，如分组教学法、讨论法、探究法、合作练习法等，通过自觉的对比较快地发现自己的不足。

由于体育活动具有一定的开放性，为人际关系的发展提供了保证。这些都有助于学生今后能更好地适应社会，不仅扩展了人际交往的范围，同时也提高了社会交往能力，获得更好的发展。

4. 有助于民主和法制意识的形成

体育运动的参与者首先要了解体育的规则，这就形成了一种对体育参与者的约束和要求，充分体现了体育运动的公平性和公正性。这种情况在任何国家和地区，任何人和任何民族不管是体育参与者的身份和权利地位有多大都是不可以违反的。

体育的规则的设定不是由一个人设定，或者是某一国家控制规定，它是能够体现民主的一种规则，不受任何外界因素制约。

这种民族的充分体现是为了保证体育比赛的公平性和体育运动员的合法权益性，体现了体育比赛的公正性和公开性，在体育比赛过程中，更是对每位体育体运动员的合法权益进行保护，体育运动员享有自愿参加和退出的权利。

5. 培养正确的审美观

个人审美观的形成关键受限于个人的意识形态以及对美的认识和判断标准及受社会发展和时代特征的影响。通过体育教育能形成和培养学生对身体形态、人格精神、动作技能等方面的美学判断标准和能力。发展至

今，人们对美的判断标准逐渐丰富，有“骨感美”“人格美”“自信美”“健康美”等。

不论是参与体育活动的运动员还是观看者，都有利于其正确审美意识和观念的形成，都能在享受体育锻炼的过程中在身体、技能、精神等方面获得满足和升华。

三、体育教育的未来发展

（一）体育教育理念的终身化转变和健康性要求

在20世纪60年代法国的教育家保尔·郎格朗就已经提出了终身教育思想的概念，这一概念的提出迅速成为世界的主流教育模式，对世界的教育制度和教育内容、方式等都产生了巨大的影响和改变，使体育教育思想和体育教育发生了很大的飞跃。

这一思想的提出在20世纪70年代对美国和日本的体育也产生了重要的影响，美国和日本的体育教育针对这一思想的提出迅速对自己国家的体育教育进行了改革。将这种思想根据本国国情进行融合，是其成为生活的重要组成部分，将体育融入终身体育教育的思想行列。

随着我国的素质教育和基础教育的改革和不断深化，开始更多地关注和重视学生离开学校后是否能够自己进行体育锻炼，离开体育老师后是否能够在今后的社会中和未来生活中进行体育学习、注重体育锻炼。为了促进我国现代体育教育的发展目标，树立学生在校期间的身心健康发展和体育知识学习，让学生明白体育锻炼的目的不是仅仅局限于学校。

2004年国家教育部办公厅在《关于开展“体育、艺术2+1项目”实验工作的通知》中指出：“通过学校组织的课内外体育教育和艺术教育活动，让每个学生在九年义务教育阶段能够掌握两项体育运动技能和一项艺术特长”。是学生终身体育的有利促进措施，是切实树立终身体育思想，让体育教育不再以某一项或几项运动技术的学习和考试为主要任务，使之成为必备的一项生活技能，促进学生的全面发展。

现代社会经济和生产力的发展，不再局限于教会学生几种运动技术，更加注重学生的自主学习能力和欣赏体育的能力，体现了体育教育的发展逐渐向具体目标定位，通过享受体育和健康生活体现了学生可以根据自身实际条件为自己选择和定制科学的、合理的锻炼方式，让学生通过自学获取体育锻炼和分析健康知识，使学生具有终身体育的意识，从体育中获得终身效益。

根据我国 1995 年的报告指出体育教育对人才的竞争的日趋激烈，这对青少年的体育教育和体育思想具有一定不良因素影响，调查结构显示我国在校的学生的身体形态发育在速度和力量方面有很大的提升，但是忽略了我国学生的心理品质和综合心理素质的管理，及学生的耐力和柔韧性方面跟速度力量相比形成一定的差距。这些在我国的体育教育中是一种恶性循环，会直接影响到学生的未来生活和学习，是教育现象的漏洞，需要及时进行填补。

体育教育必须使学生明白注重体育与健康两者的关系和对未来生活、学习及工作的重要性，突出健康意识、行为和价值观的教育，形成良好的个人健康生活方式和锻炼的习惯、能力，为今后更好地学习和工作提供保证。

（二）体育教育目标和功能的多元化

从军国民体育思想影响下的体育教育社会工具论到体育生物观，到近代我国第一个正式教育学制《奏定学堂章程》的颁布开始，都反映了人们对体育教育本质逐步深入的剖析和广泛理解，在不同性质和目的体育教育思想的引导下，后来的体育三维观多维观，体育教育的目标和功能也随之发生着巨大的变化。

由于现代社会和人类的综合性、整体性发展需求，体育教育的功能和目标向着全面性的道路发展，不再只重视运动技术的掌握和运动技能的提高，而是发挥其多功能性和综合性优势。通过现代体育教育，不仅增强学生体质，强调体育教育对人的整体效应，还要通过身体运动积极开发学生的思维能力和创新能力，提高身体素质，掌握运动技术、提高运动能力，掌握体育与健康知识、技能和方法，培养学生良好的思想道德和意志品质，规范他们的行为，形成正确的体育价值观和健康观，并具备一定的审美标准和能力。

体育教育的目标和功能日趋扩大，养成终身进行体育运动的意识、习惯、兴趣和能力，是发展人际关系和社会交际能力的重要表现，但也不能就此认为体育和体育教育是“万能”的，在具体的实施过程中还应加强理性的分析，突出重点。

（三）体育教育内容的全面性和广泛性

结合未来社会对人才规格和培养模式的更高要求，受体育教育目标和功能多元化发展趋势的影响，在《课程标准》中就将体育（与健康）课程的学习划分为运动参与、运动技能、身体健康、心理健康和社会适应五个领域，体育教育内容在整体上要继续扩大体育教育的教育价值体现，逐渐改变以往单纯传授运动技术的单一局面，这也正是体育教育内容全面性和综合性的体现。

加强体育教育内容个性化和社会价值的彰显力度，反映出了现代人所应具备的基本体育素质，它将体育教育的社会性和教育性进行了有机的结合。

体育课程三级管理体制的实施使我国的体育教育内容更加丰富，让更多的地区和学校有了自己特色，体育教育内容体系更加完善，更好的体现，实现了世界性与民族性相结合，现代性与传统性相协调的发展道路。

（四）体育教育方法的多样化和组织形式的灵活性

针对不同类型和性质体育教育内容的传授，使体育教育的组织形式不再以集体教学为唯一选择，体育教育的组织形式应打破以往“教师一言堂”“以教师、教材、课堂为中心”的模式，许多新型、现代的教育方法和学习方法广泛地产生并运用于体育教育实践过程中，体育教育方法数量也逐渐增多，除了不断提高课内与课外的联系外，体育教育不能只局限在课内和校内，在条件允许的情况下还应加强校内与校外的交流，让学生更多地接触社会。现代社会要求人与人之间的友好、和睦相处，有利于积极开发他们的个性思维和创造意识、能力，使理论与实践结合更加紧密，同时也要求人与自然、人与环境、人与社会之间的协调发展。更好地认识社会，重视学生主体地位的体现，加大教师主导作用的开发。

体育教育内容的综合性也促使体育教育方法必须发挥其整体效益，转变成为以集体授课为基础，保证正常教学任务和目标的完成，充分结合分组教学、小团体教学、自学、讨论等方式进行，为体育教育组织形式的多样化提供了发展方向，也能给学生更多、更好的自由发展空间，从而推进终身体育能力的发展进程。探究式教学法、合作式学习法、发现式教学法、网络教学、主题式教学等，越来越明显地表现在体育教育的各个环节中。

（五）体育教育评价的综合性和长效性

当前的体育教育改革主要是针对体育教育实施的各个方面的极端性和终结性等因素进行检查和评价。为了让体育教育更好的发挥本质功能和教育对象能够长远持续，此次体育教育的改革就是以长久健康发展为原则，持续发展为动力。

通过体育教育评价的实施，让体育对象能够能全面地认识自己，清楚了解自己在体育中存在的不足。为了能够对评价对象做到全面有效的评价，体育教育评价主要是从不同角度和多样性进行对体育对象进行评价，建立一个综合性的评价标准，在此基础上建立起促进学生发展的体育教育评价体系。

将客观评价与主观评价相结合，对其进行合理地调控，最终指向的是体育教育和评价对象的未来，而并非仅对现状的评定与甄别。充分认识自己的优势与不足，核心思想是通过各种评价方法的运用能及时发现问题，形成正确、客观的自我概念，保证体育教育今后的发展效果和正确方向，及时地、有针对性地主动寻找长期或短期的改进措施和方法，为获得更高层次的发展奠定基础。

为了能够保证评价的准确性，我们要做到单性评价和综合评价相结合，自我评价和他人评价相结合，定性评价和定量评价形结合等多方位，多角度的去全面评价，并随时进行有效的监督和检验。

（六）体育教育与全民健身

1995 年 6 月国务院发布了《全民健身计划纲要》指出要发动全社会关心全民健身计划以内的全国人民实施对象，青少年和儿童的健康成长关系到国家的富强和民族的昌盛，所以以青少年和儿童为重点，努力做好学校体育工作。

对学生进行终身体育的教育，各级各类学校要全面贯彻党的教育方针，培养学生体育锻炼的意识、技能与习惯。

该纲要为了更好地提高全民的体质，从发展的立场明确指出了终身体育的重要性，强调了体育教育对实施全民健身计划，满足人们日益增长的健身和健康需要，实现终身体育，具有积极的促进作用。

1. 体育教育培养学生正确的体育观，形成终身体育意识

通过各种体育教育活动的实施，激发其内在的参与动机，使学生树立持之以恒的决心，并通过不断的运动实践而获得巩固，使学生对体育目的和功能做出正确的判断，促进终身体育意识的形成。

体育观包括人们对体育的价值、意义和态度等方面的看法，是人对体育在人类和社会发展中所起作用的认识。

2. 体育教育使学生具备一定的运动知识、技术和技能

体育教育作为教育的一部分，通过参与体育教育活动，学生能掌握运动技术，形成运动技能，及全面、系统地获得运动基本知识、保健方法、

锻炼方法、卫生知识等。

在日常生活中进行科学、有效的自主锻炼提供必要支持，承担起对学科知识的传授和传承责任。

3. 体育教育促进学生运动兴趣、习惯和爱好的形成

从学前体育教育到高等体育教育，尤其是到了初中和高中阶段，学习内容的数量、广度和深度都有明显加强，从而形成正确、稳定的运动兴趣、爱好和习惯，体育教育内容从最简单的基本活动能力的培养开始，如走、跑、跳、投、攀、爬等，逐渐延伸和扩展，这有利于学生在充分了解各项运动技术特征的基础上，为学生终身体育的实施提供保证，为以后进行更加深入和系统的体育学习指明方向，体育教育内容涉及田径、球类、体操、武术、舞蹈等项目的技术教学，学生应结合自己的实际条件正确选择符合个人需求和运动能力的运动项目进行练习。

4. 体育教育为“全民健身计划”的实施提供了人力和物质支持

《全民健身计划纲要》指出：“各种国有体育场地设施都要向社会开放，加强管理，提高使用效率，并且为老年人、儿童和残疾人参加体育健身活动提供便利条件”。

虽然各专业的学科设置、人才培养最终目的和价值体现方式等有较大的区别，但就各专业所涉及的研究范围而论，我国高等体育院校开设的专业主要有体育教育专业、人文社会专业、人体科学专业、民族传统体育专业、体育保健康复专业等。另外，这些都有力地支持了全民健身计划的顺利开展，目前，它们都能深入到普通群众的体育活动中担负起组织、实施和指导等工作。

体育教育是一种有意识、有目的、有计划的以身体练习为基本手段，以增强身心健康，培养良好的道德品质和社会适应能力为目的的教育过程，但是由于体育教育的构成要素复杂及不稳定，导致我国的体育教育一直处于一种发展阶段，但是随着我国社会的不断进步，在以后的日子里我国的体育教育一定会有质的飞跃，做到全面提升。

第二章　学校体育的目标

学校体育教育目标主要是为了体现学校体育的课程编制对学生体育教育的实施，是学校体育目的在学校体育中的具体化表现。主要形式有：课余时间运动的训练和课余时间的体育竞赛。体现出体育教育的价值和体育教学的实施等。

体育课程的目标主要是根据国家制订的教育计划和课程指导大纲进行规定的。这种目标是体育教育的出发点和最终的归宿点，是通过学习体育课程来实现的，是对学生预期的体育目标进行检验的标准。是通过体育课程学习而最终实现的。

第一节　学校体育及其目标的结构

学校体育是指运用身体运动、卫生保健等手段，在以学校教育为主的环境中，促进其身心健康发展的有目的、有计划、有组织的教育活动，从这一意义上讲，学校体育是整个学校教育的有机组成部分，对受教育者施加影响。学校体育的结构主要包括以下要素。

一、运动教育

（一）体育与健康课程

体育与健康课程是实施素质教育，增进学生健康为主要目的的必修课程。它是学校课程体系的重要组成部分，是一门以身体练习为主要手段，以培养德智体美全面发展的人的必不可少的手段。

体育是爱国主义教育的最好载体，是弘扬民族精神的最好形式，体育不仅是力的展现，力与智的结合贯穿在几乎所有体育活动中，力与美的结合更是体育独特的魅力。

从那些曾极大地激发了全国人民特别是青少年的爱国热情的体育赛

事，到学生经历的每一堂体育课、每一次体育活动，都在潜移默化地教育熏陶青少年。体育精神是民族精神的重要组成部分，随着人们的生活水平的提高，体育更是培育青少年自强不息的精神和吃苦耐劳的意志的最佳途径。

体育集中地展现了人类的力量、创造性智慧、人类自身的美和人与自然的和谐。是一个民族旺盛生命力的体现，是社会文明进步的标志，在锻炼中强健体魄，陶冶情操，感受体育的永恒魅力，学会团结、合作、献身和友爱的高尚情操。感受人与自然的和谐之美，把握生命的健康与活力，让体育成为生活中的美好经历，成为全面发展的不懈追求。这就是体育的内涵、体育的文化、体育的魅力。

（二）面向全体学生的课外体育活动

课外体育活动指学校以班级为基本组织单位，以健身、娱乐活动为主要内容，以满足广大学生多种身心需要为目的，在课余时间开展的面向全体学生的，促进学生身体、心理和社会适应能力和谐发展的体育锻炼活动。

（三）课余体育训练

学校课余体育训练旨在培养竞技体育后备人才，提高某项运动的技术和水平。对部分在体育方面有一定天赋或有某项运动特长的学生，利用课余时间，全面发展他们的体能和身心素质，以运动队、代表队、俱乐部等形式对他们进行较为系统的训练。

（四）课余体育竞赛

课余体育竞赛根据正规的、简化的或自定的规则进行的个人或集体的体力、技艺和心理的相互比赛。是指充分利用课余时间，组织学生以运动项目、游戏活动、身体练习为内容。

二、健康教育和家庭体育教育

通过传授简单基础的健康知识、建立安全卫生的健康行为、改善周边环境为核心内容的教育是健康教育。

家庭体育为了有效地增进学生的健康，是学生在家庭中进行的各种各样体育和健康保健活动。季成叶特别指出：孩子的锻炼肯定会带来磕碰，不要担心孩子在运动中的磕磕碰碰。据北大少儿所曾经做过的一项调查：

经历小磕小碰越少的孩子，出大事故的概率越高；而经常磕磕碰碰的孩子造成死亡伤残的概率却较低。就像一个孩子如果经常摔跤，他就知道如何防御了。

季成叶曾说："随着我国社会的发展进步，对儿童健康的关注也逐渐提升，这是件好事，但是在这个普遍格外关注的过程中也存在着一些问题：总是把问题想得比实际可能产生的情况严重，用一些存在着的理论去套用和特别强调，往往会带来恐慌，大人们开始限制孩子的活动内容和活动自由，最终结果是让孩子处于"不动"的状态，而在大人看管下不动的孩子，往往又偷着去"动"这样倒容易出问题"。

季成叶还表示："让我们的孩子能尽可能快乐地奔跑和游戏，男孩子和女孩子有自己不同的方式，这才是童年快乐的体育"。

三、学校体育目标的结构

学校体育目标集中体现人们对学校体育与健康课程的编制，学校体育目标不是已经实现的现实，学校体育目标具有一定的阶段性和终结性。

由国家的课程标准或课程指导纲要明确规定的，是特定的价值取向的反映，是对学校体育的学习结果的期待与前瞻，体育课程目标是通过体育课程学习而最终实现的，是学校体育目的在学校体育中的具体化。

学校体育目标不是已经存在的现实，具有一定的曲折性，往往是要求学生"跳一跳，够得着"。达成目标是需要付出努力，为了消除两者之间存在的差距，学校体育目标是对某一阶段学生所达到的结果的期待，具有一定的终结性。

学校体育目标价值取向具有明确的方向性，是对学生通过课程学习预期应达到要求的陈述，同时学校体育目标对于激励师生共同努力具有很好的作用。它一般是体育课程内容和全部体育教学活动的出发点和最后归宿，需经过长时间的努力和付出才能实现。

第二节　学校体育的目的与目标

一、我国学校体育目的

我国学校体育的目的从最开始的单纯的增强学生体质到现在的增强学

生的体质和增进学生的健康，促进学生正常生长发育与学校各种教育相配合为目的进行教育学生，促使其成为具有德、智、体、美、劳全面发展的社会主义的建设者和保卫者，为国家做出贡献。

我国学校体育的培养目的不仅是为了成为国家的建设者和保卫者，还要求学生具有良好的思想品德和坚强的意志力。通过教育目的的明确，使我国的教育具有了明确的指向作用。

联合国科教组织将教育的基本目的界定为“把一个人在体力、智力、情感、伦理各方面的因素综合起来，使他成为一个完善的人。”。

二、学校体育目标

学校体育教育目标主要是为了培养学生的交际能力和良好的心理素质，及面向社会以后的合作能力和意识。同时能够有效地增进学生的健康，为了学生能够较为熟练地掌握基本的体育技能和应用技术。起到了传播体育健康知识的作用，让学生成为体育的传播者，提高对个人健康和群体健康的责任感，养成坚持锻炼的习惯，提高少数学生的运动技术水平。

体育课程目标主要体现在领域、水平方向和学校等方面，是学生通过学习达到要求，让学生能够在某些方面，感觉自己有所变化，体育课程目标明确了发展方向。形成了一种积极进取、乐观开朗的生活态度。

三、体育与健康课程目标

（一）义务教育体育与健康课程的目标

我国义务教育体育与健康课程的目标为：发扬体育精神，形成坚持锻炼的习惯；培养运动的兴趣和爱好，形成积极进取、乐观开朗的生活态度；具有良好的心理品质，表现出人际交往的能力与合作精神；增强学生体能，形成健康的生活方式；提高对个人健康和群体健康的责任感，使其掌握和应用基本的体育与健康知识和运动技能。

1. 增强体能，掌握和应用基本的体育与健康知识和运动技能

体能是指人体各器官系统的机能在身体活动中表现出来的能力，健康有关的体能：包括心肺耐力、柔韧性、肌肉力量、肌肉耐力、身体成分等，运动技能有关的体能：包括从事运动所需要的速度、力量、耐力、灵敏、柔韧等。

良好的体能可以保证人们胜任日常的生活和学习，能积极应对所遇到的困难和压力。前者和后者都是通过参与学校体育教育，使身体的运动能力获得加强。体育与健康课程有着自身完整而稳定的知识体系，有效地提高机体各器官系统的功能，重视学生将所掌握的知识、技能应用于体育锻炼实践和生活实践中的能力。从而通过体育教育使学生掌握运动基本知识和科学从事体育锻炼的原理、方法和技能。

2. 具有良好的心理品质，表现出人际交往的能力与合作精神

体育与健康课程对增进学生的心理健康和社会适应能力，具有重要的促进作用，体育活动对于增进学生的身体健康，提高学生的心理健康和社会适应水平，促使学生健康、全面发展等，都是由体育活动本身的特性所决定的。

学生在进行体育活动时既有顽强、坚韧、自信、拼搏等心理品质的体现，也有对信任、合作、尊重、竞争、平等和民主等社会生存技能的培养。

3. 培养运动兴趣和爱好，形成坚持锻炼的习惯

通过体育教育使学生形成积极运动的热情，培养学生的运动兴趣和爱好，使学生明确体育锻炼的重要意义和作用，有助于学生良好体育价值观、运动动机和锻炼习惯的形成，获得体验成功的乐趣，并促进终身体育的发展。

4. 提高对个人健康和群体健康的责任感，形成健康的生活方式

健康的生活方式体现在个人生活的各个方面，对每一个学生的生活质量和身心健康都具有长远的意义和作用，是多种健康因素共同作用而成的，学生在学习运动技术的同时，也获得了相应的保健及科学锻炼的知识，有利于健康意识和行为的培养。

5. 发扬体育精神，形成积极进取、乐观开朗的生活态度

学生通过体育学习和活动可以形成积极进取、不畏困难、敢于拼搏、乐观开朗、热爱生活的积极态度和爱国主义、社会主义、集体主义的观念，有效促进体育与健康课程“育人”目标的实现。

不同的运动技术除了能有针对性的发展学生的运动能力外，还能对学生的思想道德和意志品质起到较好的培养作用。

（二）高中教育阶段体育与健康课程的目标

我国高中体育与健康课程目标为：增强学生体能，提高对个人健康和群体健康的责任感，形成健康的生活方式；具有良好的心理品质，形成积极进取、乐观开朗的生活态度；发扬体育精神，使其掌握和应用基本的体育与健康知识和运动技能；形成坚持锻炼的习惯；培养运动的兴趣和爱好，表现出人际交往的能力与合作精神。

1. 提高体能和运动技能水平

提高体能和运动技能水平，加深对体育与健康知识和技能的理解，高中阶段学生的身体发育逐渐趋于成熟，应在初中体育学习的基础上全面提高学生的各种运动能力和水平，有利于学生正确自我概念的形成，符合运动素质发展敏感期的规律，加大体育与健康知识的学习难度和广度，充分利用他们思维、分析能力也较初中阶段有较大提升的优势，使其对运动知识的了解和学习获得质的提高，充分理解各种运动技术的动作原理，不断加强独立学习能力的培养。

2. 学会体育学习及其评价

学会体育学习及其评价，增强体育实践能力和创新能力，根据高中阶段学生的实际情况，创造更多的条件使学生能将理论运用到实践中，以便他们进入大学或社会后能更好地进行自主体育锻炼，不断加强学生的实际操作能力。在体育教育过程中应加强对学生自主学习能力的培养，包括自我发现、独立思考、自我监督、自我检查和自我评定等能力。

3. 形成运动爱好和专长

形成运动爱好和专长，培养终身体育的意识和习惯，积极引导他们对某一项或几项自己比较喜欢的运动技术进行深入、全面的学习，为终身体育的实现提供必要的理论和技术支持。

在了解和认识众多类型和特征运动项目的基础上，逐渐形成符合个人特点的运动专长和学习方式，促进他们终身体育意识的形成。

4. 发展良好的心理品质

发展良好的心理品质，增强人际交往技能和团队意识，高中是学生心理负担最大的一个学习阶段，必须充分利用体育教育这种特殊的教育手段加强对他们坚强、刻苦、自信、客观、拼搏等心理品质的培养，通过各种集体活动消除他们之间的隔阂、歧视或不信任、不尊重，培养他们的团结协作精神和人际交往能力。学生要承受来自学校、家长、社会以及同学的各种压力，让学生认识到团队的作用和价值。

5. 塑造健康体魄

具有健康素养，塑造健康体魄，提高对个人健康和群体健康的社会责任感，逐步形成健康的生活方式和积极进取、充满活力的人生态度。高中学生面临的下一个学习阶段是相对比较宽松、自由的大学生活，因此必须加强他们对健康的理解，将自己的良好行为感染他人，培养正确的健康标准，充分认识和准确掌握形成健康的途径和方式方法，并能提升自我的价值和地位，形成一定的社会责任感和良好的人生观和生活态度。

（三）体育与健康课程领域目标

体育与健康课程目标主要是由我国的《课程标准》来划分的，为了能够清楚和简单的使人们认识到学习的目标和内容，具体如下：运动技能方面的目标和运动积极参与的目标，心理健康的目标的和社会适应的目标。一共是五个领域，这五个领域相互联系，相互作用，影响着我国体育课程的标准，对体育教师的发展和学生的自身体育发展都起到了一定的积极作用，同时也充分体现出了体育价值。

这一标准的实施对于发挥体育教育的功能和促进学生全面协调发展都有了很大的帮助。在学生学习领域中主要还是根据学生的学习目标为标准，来制订和划分学习范畴，学习领域目标是指期望学生在各学习领域达到的学习结果。

（四）体育与健康课程水平目标

学习水平是根据学生的身心发展特征，因人制宜地安排教学内容，指不同学段与水平的学生在各个领域中预期达到的学习结果，为地方、学校和体育教师因地制宜、留下了更多的选择权力和创造空间，为各阶段体育教育活动指明了方向。

学生在不同学龄段对学习内容掌握程度的要求和划分。首先小学阶段划分为三个阶段第一阶段是1~2年级，第二阶段是3~4年级，第三阶段是5~6年级。然后是初中阶段的划分只有一个阶段，初中1~3年级。最后是高中阶段也是一个阶段，高中1~3年级。

1. 运动参与领域目标

小学运动参与体育的态度和行为：1～2年级，主要是对体育课表现出学习兴趣；3～4年级，主要是乐于学习和展示简单的运动动作；5～6年级，主要是主动参与运动动作的学习。

初中参与体育的态度和行为：1～3年级，主要表现在能够积极主动的参与体育活动。

高中参与体育的态度和行为：1～3年级，学会评价体育锻炼效果的主要方法和知道如何制订运动处方。

2. 运动技能领域目标

小学阶段的体育运动技能的目标：获得运动基础知识，说出所做简单运动动作的术语，知道所练习运动项目的术语，学会积极主动的观看体育比赛，了解所学项目的简单技战术知识和竞赛规则，认识多种运动项目的价值，安全地进行体育活动，知道如何在运动中避免危险和防止自己受伤；找出不同环境中可能面临的危险和避免方法，尽量避免去危险的环境，在运动时一定要注意运动安全，学习和应用运动技能，初步掌握简单的技术动作，会做简单的组合动作，初步掌握运动基本技术，发展运动技战术能力。

初中体育运动技能的目标：在有指导的情况下顺利完成集体野外活动，并具有一定的获得野外生存的基本技能，增强技战术的运用能力，关注国内外的重大体育赛事。掌握运动创伤时和紧急情况下的简易处理方法，提高一两项运动的技战术水平。

高中体育运动技能的目标：学习在野外条件下的活动技能与方法，了解国内外重大体育事件，同时为了迎接更高的挑战，可以参加具有挑战性的野外活动增强自身能力，具有处理安全问题的，组织和参加小型体育比赛。

3. 身体健康领域目标

小学阶段的身理健康领域目标主要是：基本保持正确的身体姿势，能够用正确的身体姿势进行学习、运动和生活，懂得营养、环境和不良行为对身体健康的影响，发展体能，发展灵敏，发展柔韧，协调和平衡能力，反应灵敏和协调能力有所提升，发展速度和平衡能力，发展速度、有氧耐力和灵敏性，形成正确的身体姿势，注意正确的身体姿势，了解青春期的卫生保健知识，初步学会选择有利于健康的营养食品，具有关注身体和健康的意识，知道身体各主要部位的名称和自己身体的变化，描述身体特征，理解体育锻炼对身体形态和机能的影响，了解营养与健康的关，了解从事体育活动时的营养卫生常识，知道生活方式对健康的影响。

初中阶段的身体健康领域目标主要是：理解身体健康在学习、生活中的意义和作用，发展肌肉力量和耐力，形成良好的生活方式，了解性传播疾病等有关知识。

高中阶段的身体健康领域目标主要是：了解我国传统养生保健方法与现代体育锻炼方法的异同，懂得环境对健康的影响和运动对环境卫生的要求。

4. 心理健康领域目标

小学阶段的心理健康领域目标主要是：正确理解体育运动与自尊、自信的关系，形成克服困难的坚强意志品质，在一定的困难条件下进行体育活动，在体育活动中适应陌生的环境，在体育活动中具有展示自我的愿望和行为，敢于进行难度较大的体育活动，正确对待生长发育和运动能力弱可能带来的心理问题，根据自己的运动能力设置体育学习目标，学会通过体育活动等方法调控情绪，观察并说出同伴在体育活动中的情绪表现，说出自己在体育活动中的情绪表现，通过体育活动树立自尊和自信，知道通过体育活动等方法调节情绪，学会其他调节情绪的方法，了解体育活动对心理健康的作用，体验身体健康状况变化时的心理感受，体验体育活动中的心理感受，认识身心发展的关系，了解心理健康对身体健康的作用。

初中阶段的心理健康领域目标主要是：在具有挑战性的运动情景中，体验战胜困难带来的喜悦，在体育活动中努力获得成功感，在体育活动中表现出调控情绪的意愿与行为。

高中阶段的心理健康领域目标主要是：自觉通过体育活动改善心理状态，表现出积极进取的生活态度，自觉运用所学知识技能促进身心协调发展。自觉运用适宜的方法调控自己的情绪，在体育活动、学习和生活中自觉表现出勇敢顽强的意志品质。

5. 社会适应领域目标

小学阶段的社会适应领域目标主要是：体验集体活动和个人活动的区别，具有良好的合作精神和体育道德。

初中阶段的社会适应领域目标主要是：学会获得现代社会中体育与健康知识的方法，在体育活动中尊重他人，了解体育与健康资源，建立和谐的人际关系，简单评价媒体的体育与健康信息，在体育活动中表现出合作行为，表现出与社区活动的联系，理解不同运动角色的任务，在体育活动中表现出对弱者的尊重与关爱，识别体育中的道德行为。

高中阶段的社会适应领域目标主要是：选择和利用互联网资源为体育与健康实践服务，关心社会的体育和健康问题，表现出良好的体育道德和合作精神，具有通过互联网获取体育与健康知识和方法的能力。

第三节　学校体育目标的制订

一、体育教育目标的特征

目标对人们的实践活动具有导向和激励的作用，由于各年龄段学生的身心特点有较大的差异，因而在不同的学段有着各自特定的体育教育目标，包括学前体育教育目标、初等体育教育目标、中等体育教育目标和高等体育教育目标。并一环一环紧密相扣在一起的，它们互为前提和基础，又相互弥补、相互扩展，形成最优化的组合，共同发挥体育教育的整体功效和最大效益。

体育教育目标影响和制约着体育教育的发展，体育教育不仅是一种教育活动，同时也是一种社会现象，其存在和发展与社会状况有着密切的联系，国家政治、经济等因素直接影响着体育教育的性质和实施状况。体育教育目标能体现出一定时期社会的特征和阶级利益的需要，并为社会发展发挥一定的作用。

它明确了体育教育发展的方向，它调节并维持着各种活动的发展方向。同时，它也对受教育者提出了具体的学习要求，使其能明晰自己的学习任务和努力方向。是体育教育各部门和实施者的行为准则和工作要求。

体育教育目标并不是孤立存在，是由许多不同阶段、不同类型、不同性质的子目标构成的有机整体，是依照一定的规则和要求有序排列，并结合体育教育的本质特征和学生与体育教师的实际特点，根据实现周期的不同，体育教育目标还可分为短期目标和长期目标，它们之间从低到高、从小到大或从具体到抽象，都存在着一种递进联系，相互间具有一定的从属关系。

体育教育目标虽然是对体育教育工作做出的整体规划和效果预计，但它是在充分考虑了社会和教育发展的需求，以及客观教学条件和环境等因素后才得出的关于体育教育发展的规划性文件，并对体育教育工作提供了检查和评定的依据。它不仅反映出体育学科的本质功能，也具有明显的可行性、可观测性和客观性。

二、制订体育目标的依据

（一）社会状况及教育和体育事业的发展需要

体育教育作为一项特殊的教育活动，受一定的社会政治状况和经济水平的限制，体育教育目标必须与它们的发展方向相一致，这些因素决定了体育教育的发展性质和前景。

体育教育是学校教育的有机组成部分，也是体育工作的重要构成，并对其发挥积极的促进作用。只有这样，体育教育才能获得持续、稳定发展的宏观条件和前提保障。

（二）体育教育的本质功能和特点

体育教育目标的制订应突出的强调身心协调健康的发展，为终身体育能力的形成做好各项准备工作。通过大量的身体实践活动积极促进体能的发展，增强体质、增进健康是体育教育的本质功能，是身体活动的基本特点。

（三）学生的身心特点及实际需要

充分解学生的实际需求，学生是体育教育目标的体现者，不同阶段、不同性别的学生其生理和心理发展状况有明显的差异，这就要求体育教育在内容选择、安排和组织形式以及方法手段等方面都要做到区别对待。

他们在运动能力、认知水平、运动兴趣及需要等方面都有差别，因此，体育教育目标的制订要切合学生的年龄特征，这样才能使体育教育目标的科学性和操控性更强，也能更好地体现学生的主体性。另外，还应包括体育学习需求、锻炼需求、近期需要与长期需要等，使体育教育目标更贴近学生的生活，达到终身受益的效果。

（四）实际条件和可能

制订体育教育目标时应充分考虑到各地、各校所能提供给体育教育实施的实际条件和支持，包括体育教师的数量与质量、场地、器材设备、教学时数、地区气候特点、经费等情况，切实保证体育教育目标具有可行性。

三、制订体育目标考虑的因素

学校体育目标能否正确反映社会发展的需要，能否在学校体育中起到核心的指导作用，关键在于学校体育目标对外界的敏感性与开放性，体育学科本身的发展、学生身心发展的特点与需要。

（一）学生的需要

联合国教科文组织总干事费德里科·马约尔指出："人既是发展的第一主角，又是发展的终极目标。"。在制订体育目标时，应充分考虑学生的两种需要之间的依存，如果仅满足学生当前的需要，很容易引起学生的体育学习兴趣，不一定能保证为学生走上社会提供良好的准备。

学生是体育施教的对象，在确定体育目标时，如果仅满足长久的需要，容易将成人化的体育内容强加给学生，应充分考虑某一学段的学生能够学习什么？了解作为学校体育特定对象的特定的学生的特定情况，使体育学习成为一种外在的过程，解决学生的学习动机，学生的身心发展特点在很大程度上决定着学生能够达到的水平。

学生的需要从内容维度上和时间的维度上，主要有学生当前的需要和学生长久的需要，学生的身心发展需要和学生的学习需要，在制订学校体育目标时，离开了学生主体积极性与作用的发挥，学生能达到什么水平，确定其中的差距，将学生的情况与理想常模加以比较，揭示出学校体育的目标。

学生的需要，学生天赋的自发需要和学生在后天的体育过程中形成的自觉的需要。以学生的自发需要为基础，利用这种需要来达到体育的目的。如果没有以上的种种因素学校体育将无从谈起。

（二）社会的需要

社会的需要从时间的维度来分，从空间上来分，都是为生活做准备的教育，是社会的现实需要与未来需要，是家庭、社区、民族、国家的需要。

社会的需要主要是指社会政治、经济、科技文化、生产生活的发展与变化对学校体育提出的要求。

走在社会发展的前面，明确且适当地为这些特定活动做准备的。适应当前的现实，在现实与未来、个人与国家、适应与改造之间找到切入点和结合点，从这一意义上讲学校体育应超越社会的现实，只有学校体育目标才能更好地发挥其社会功能。

联合国教科文组织在《学会生存》中指出："每一项教育行动都是指向某个目的的一个过程的一部分，这些目的是受普遍的和最终的目的所制约的，而这些普遍的和最终的目的基本上又是由社会确定下来的。""某种形势的客观现实必然制约着每一个国家根据其特殊的背景所制订的当前的教育目的，但这种教育目的，同社会的一般目的一样，也是那些参加教育活动的个人意志行为与主观选择的结果。"

作为学校教育的一个有机组成部分的体育，这些活动无论因社会阶层的不同，量有多大、差异有多大，都是可以挖掘出来的。总是在一定的社会中存在与发展的，总是为一定的社会的需要服务的。"人类生活无论怎样的不同，均包含着特定活动的表现。这只需要我们置身于事务的世界并挖掘出这些事务所包含的特定成分，它们就将显示出人们需要的能力、态度、习惯、鉴赏和知识的形式。"另外，国家对学校体育提供的条件、师资数量与质量、场地、器材设备、教学时数、地区气候特点、经费等人、财、物客观条件的保证，也是制订学校体育目标必须考虑的因素。

（三）体育学科的功能与发展

体育学科是学校体育知识最主要的源泉，体育学科的功能是指体育在与人的个体、社会相互作用过程中，产生的体能练习和运动技能的学习及参与运动的行为。

学校体育的主要手段是表现出来的相对特殊社会作用与效能，学校体育目标明确昭示着体育的价值定位及其内容的基本架构。学校体育目标联系最紧密的是体育学科的功能，具有强调体能的增强等方面的因素。学校体育主要是在室外对学生进行身体教育和运动教育，为了技能的掌握和正确态度行为的形成等。

一般认为体育学科具有以下功能：提高学生的智育活动效能；提高学生的审美情趣和有利于学生智力的发展；提高学生的基本活动能力；娱乐学生的身心；提高学生的自我保护能力和人际交往能力；陶冶情操，规范学生的行为；增强学生的体能，提高学生对自然的适应能力；传承与发展体育文化。学校体育目标不仅要考虑体育学科的存在，还要进一步考虑学校体育在学校教育中的地位和作用、学生的特点等。如果学校体育本身没有这样的功能，则学校体育目标的制订就变成了无源之水，无本之木。

对学校体育功能的不同认识、不同的体育价值追求会在很大程度上直接影响学校体育目标的制订、设计、实施和评价。在制订学校体育目标时，体育价值观是人们在制订与实施学校体育时的态度与选择，始终会受体育价值观的左右，学校体育目标是制订、设计、实施、评价学校体育的人的某种体育价值观取向的具体体现。

在制订学校体育目标时学生、社会、学科三个因素是交互起作用的，常常表现为强调体育的某些功能，弱化或忽视某些功能，考虑学校体育的功能，过分强调某一因素等，就会导致学校体育走向极端。

四、制订学校目标的三种取向

虽然，制订学校体育目标有共同的要求，但是由于学校体育目标制订者的价值观不同，制订学校体育目标会有不同的取向。在学校体育目标制订过程中主要有以下几种取向。

（一）“普遍性目标”取向

“普遍性目标”具有普适性，但是不够科学、严谨，“普遍性目标”的取向是建立在一般意识形态或社会政治需要的基础上，容易受经验局限或流于形式。

我国过去确定的学校体育目标表现为具有某种哲学或伦理学倾向的一般教育宗旨或原则，是思想品行教育和陶冶美的情操，是一般教育原则或宗旨在学校体育中的直接应用，是运动技能、身体素质的目标，是便于学校体育的组织领导者和体育教师创造性地加以应用和解释，以上几点基本上都是采用普遍性目标模式。

对不同学段的学生目标的具体涵义界定不清，不能真正成为指导学校体育教学、实践和评价的依据。导致歧义纷繁，使这些规定在很大程度上流于锻炼、训练、竞赛设计等的形式。

（二）“行为目标”取向

“行为目标”的取向是将学校体育目标表述为显性的、具体的、可操作性的行为描述来展示。行为目标是对学生通过学校体育学习以后将能完成什么体育项目的一种明确的具体的表述。

行为性目标指向以结果化的学校体育课程教学课外锻炼、训练、竞赛的目标，它主要是描述学生的心理感受、体验，或描述教学情境，所采用的行为动词大多是体验性、过程性的。它明确规定了所采用的行为动词要求明确、可测量、可评价。对学校体育学习后学生所应出现的可观测行为的精确描述，具体的学校体育目标是学生达到目标的行为，学生的预期学习结果，可接受的最低的熟练水平。

非行为性的一般性具体目标，向同伴和家人展示学会的简单运动动作，主要用于“运动参与”“心理健康”等学习领域。体验身体健康变化时注意力、记忆力的不同表现。

（三）“生成性目标”取向

“生成性目标”是人的经验生长的内在要求，是问题解决的结果，是在学校体育情景中随着学校体育过程的展开而自然生成的目标，是在体育情境中，随着过程的展开而自然生成的目标和学生经验生成的内在要求。

“生成性目标”侧重关注的是过程，向的是教育情境的产物和问题解决的结果，强调的是体育教师根据体育课堂教学，关注的不是外部预先设定的目标，而是锻炼、训练、竞赛的实际情况提出相应的目标。

第四节　学校体育目标的实现

《学校体育工作条例》的颁布为我国的学校体育教育目标实现了基本的途径，其中规定体育和健康课，体育课外活动和课外运动训练等都是学校体育目标实现的基本形式。我国的体育课的领导方向是体育课和课外体育活动。

一、体育与健康课

体育与健康课是根据教育部制订的教学计划所开设的必修课，有专任的体育教师，是对学生进行系统的体育教育过程。

学校体育的基本组织形式，按一定的班级授课，是学生毕业、升学的考试科目，有一定的场地器材设备保证，是实现学校体育目标的基本途径。

它学校体育与健康课还是有一定的课程标准，但是整体来说体育与健康课都具有成绩考核这项内容。

二、课外体育活动

课外体育活动对巩固运用体育与健康课所传授的体育知识、技能，提高学生的运动能力，具有重要的意义。

课外体育活动包括早操、课间操、群众性的体育锻炼、课外运动训练与课余体育竞赛，是实现我国学校体育目标的重要组织形式。

培养学生自觉地锻炼身体的意识和习惯，可以再在校外进行的远足郊游和夏令营、冬令营等形式的体育活动。发展学生兴趣、爱好，丰富学校课余文化生活，增进健康，增强体质，提高学生学习和生活的质量。

三、其他体育健身活动

根据我国教育体育的方针、政策、决议，其他体育健身活动是指在学校教育的各个环节中开展的有利于学生增进健康、增强体质的活动。

以《学校体育工作条例》、《学校卫生工作条例》为依据，实现学校体育目标，结合实际，在具体工作过程中，要组织与开展学校体育各项工作，主要由以以下几点要求。

（一）全面贯彻教育方针，面向全体学生

学校体育工作是一项系统工程，要端正办学的指导思想，要坚持全面贯彻国家的教育方针，要面向全体学生，要动员和组织全体学生参加各种形式的体育活动，为现代化建设培养全面发展人才服务的基本方向。

学校体育使全体学生都享有体育的权利，转变传统的教育观念，尽可能地安排他们进行适当的保健体育、医疗体育和矫正体育活动，正确处理好体育与德育、体育与智育、体育与美育等的关系，使他们获得身心全面的发展。

对少数有生理缺陷或有某些疾病的学生，学校体育目标的实现有赖于学校体育整体效益的获得，改应试教育为素质教育，帮助他们改善体质状况，以整体观点开展学校体育工作。

确保学校体育在全面发展教育中的应有地位，要提高他们的健康水平，要坚决贯彻执行体育的方针，及我国有关教育的政策、制度与措施。

学校体育要坚持普及与提高相结合，学校体育要坚持课内与课外相结合，学校体育要与健康教育、卫生保健工作相结合。

在普及的基础上提高，是实现学校体育目标的基本途径，必须统筹安排，紧密结合起来进行。

学校体育工作要做到以普及为主，上好体育课仅靠每周两节体育课是远远不够的，学校要在上好体育课，用整体观点开展学校体育工作，积极开展早操、课间操、班级体育锻炼、课余体育训练等课外体育活动。

在提高的指导下普及，保证学生每天1小时的体育锻炼，促进和保证学生身心健康成长，学校体育工作与卫生保健工作是不可分割的两个方

面。推行《国家体育锻炼标准》提高体育教学质量的基础上，才能收到增进学生健康，增强体质的实效。

从学校实际出发，积极开展群众性的课外体育活动，合理安排作息制度，与学校教育的其他方面同步进行，为获得学校体育的整体效益，要通过对部分有运动才能学生的课余体育训练，提高他们的运动技术水平和运动能力，此外还应包括减轻学生学业负担。

学校对体弱和病残学生，要进行科学锻炼身体的知识与方法的指导，根据他们的身体状况，重视传授系统的体育卫生保健知识，区别对待，使身体锻炼与保健养护有机结合，进行安全、健康教育，应组织安排适当的体育活动。注意改善学生营养和学校环境卫生条件等。

（二）处理好继承与发展，学习与创新的关系

要认真总结我国学校体育工作的有益经验，学校体育要根据《中国教育改革和发展纲要》和《中共中央国务院关于进一步加强青少年体育提高青少年体质的意见》的要求，加快改革开放的步伐，深化学校体育的改革。

随着我国社会经济、文化、政治、教育、科学、体育事业的不断发展，要根据我国的国情，继承和发扬我国民族传统体育，要加强实验、加速改革进程，从实际情况出发，不照抄照搬，也不盲目排斥，正确处理继承与发展、学习与创新的关系，并加强国际间学校体育的交流，主动适应社会主义现代化建设的需要，不断开创新局面，建立具有中国特色的社会主义学校体育体系，学习、借鉴适合我国国情的国外学校体育先进理论与经验。

（三）加强体育师资队伍建设

总体上说，体育教师是学校体育工作的组织者和实施者，多年来，广大体育教师积极工作，为增强学生体质，教书育人，但是目前体育教师队伍仍存在数量不足，必须要大力加强体育师资队伍建设，同时，应努力改善体育教师的工作、学习和生活条件，是做好学校体育工作的关键。

质量有待进一步提高的问题，适应体育教育深化改革的要求，培养全面发展的合格人才做出积极的贡献，进行敬业精神和职业道德教育，提高其社会地位，加强在职体育教师的培训和业余进修，实现学校体育的目标，使他们在培养德、智、体全面发展人才中发挥更大的作用，办好体育教育专业，不断提高体育教师的政治和业务素质。

四、体育教师的职责与基本素质

“学高为师，德高为范”。《中华人民共和国教师法》第三条规定：“教师是履行教育教学职责的专业人员，承担教书育人，培养社会主义事业建设者和接班人、提高民族素质的使命。”教书育人是各级各类学校和各学科教师的职责。

（一）体育教师的职责

体育教师作为学校教师队伍中的一个群体，是全社会公民身心素质提高以及学校体育教育和社会体育工作正常开展的主要力量之一。作为一名体育教师，主要应承担以下职责。

1. 促进学生身心健康

根据体育教育的目的和实施要求，体育教师工作的出发点和归宿应当是为学生的学习和健康成长提供有利条件。在体育教育过程中，体育教师应充分利用各种条件向学生传授运动基本知识、技术和技能，使机体各器官得到一定程度地改善和提高，增强体质，增进健康。另外，在教学过程中还应采取丰富多样的方法和手段激发学生运动兴趣，发展他们的个性，提高学习效率。

通过个人锻炼和集体活动培养学生良好的心理品质和思想品德，以及与他人合作的主动性，并能通过不断的身体练习形成正确的体育价值观、人生观和积极、乐观的生活态度。

2. 保证常规体育课堂教学的有效开展

体育教学是体育教师的基本职责，它不仅包括上好体育课，还包括搞好体育教学评价、考核和管理。体育教育内容涉及诸多体育运动项目技术和体育知识的传授，体育教师必须精通相关的知识和技术。

另外，体育教师要深入钻研教学大纲和教材，进行实地调研，了解学生和教学实际情况，切实制订好各种体育教学工作计划，认真备课，从而保证体育教育各项活动有序、有效开展。

3. 组织课外体育活动

为增强学生体质，丰富业余文化生活，体育教师要组织开展灵活多样、内容丰富的课外体育锻炼，它是学校体育不可或缺的重要组成部分，主要包括课外体育锻炼课外运动训练和课外运动竞赛三个方面。对一部分运动基础较好的学生，体育教师要组织运动队、代表队等形式进行课外系统训练，全面发展学生身体素质，提高运动成绩。

在学校中可开展的课外运动训练项目有：体操、游泳、田径、篮球、足球、排球、乒乓球、羽毛球、网球等。体育教师可根据情况每年从中选择一至三个项目进行训练。此外，体育教师还要负责训练经费的管理，聘请必要的工作人员，照料训练和比赛时队员的生活等。

4. 积极参加和协助体育管理工作

体育业务管理虽然不是体育教师的主要职责，但也需要体育教师的参与。

体育业务管理内容很多，一般包括学校体育活动总体规划、制订各种管理制度、完善体育课程建设、教研室内部活动、安排体育课表、购置、维修和管理器材设备、评价规划、方案和目标执行情况以及对意外事故实施急救等。

5. 协助学校教育工作的正常进行

每个体育教师都要承担协助学校工作的任务，履行学校范围内体育教师应尽的义务，如协助学校制订全校性的体育活动计划，组建学校体育俱乐部以及承担学校分配的其他特殊任务，包括学生体质测试、全校性身体健康检查和班主任工作等，并充分利用自己的条件和能力，配合学校各项工作的顺利完成。

6. 主动进行体育学术研究

体育教师除了注意自身的业务学习、不断更新知识外，还应当积极从事体育学术研究。体育教师在长期工作实践中，要善于积累工作经验，总结工作教训，并使其上升到理论高度从而指导实践。

这些教学研究和学术研究，不仅能提高教师本身的素质，并且能丰富和发展体育教育理论，提高学校体育工作的质量。

7. 积极协助和参与社会体育工作

出于体育教师的职业特点和性质，体育教师往往善于交际，结交广泛，社会信息丰富，是社会成员中的活跃分子，也是学校、学生与社会发生联系的渠道之一。

体育教师精力充沛，具有较强的组织和领导能力，可以通过社区组织、慈善事业、社会俱乐部和公众福利组织等途径参与社会体育活动，向更多人传授和推广体育知识，促进校外体育活动的开展。

（二）体育教师应具备的基本素质

我国的教育方针是培养德、智、体、美、劳全面发展的学生，“体”作为学生全面发展的重要组成部分，是“德”“智”等其他方面得以充分展示与发展的物质基础和先决条件，同时它也有利于学生综合素质和能力的提升。作为体育教育的执行者，不仅应具有丰富的体育理论知识、专业技术和过硬的教学能力，还应在精神风貌、外表、交际、处事、教学态度等方面有较好的表现。

只有这样才能在长期的教学中引导学生、感染学生，使他们认识到体育锻炼在一生中的重要性，确立并形成终身体育的意识和能力。

1. 个人道德素质

体育教师应具备献身社会主义体育事业的精神，以促进人类生命质量提高为己任，以传播体育科学知识、增强人类体质健康、促进人类精神文明为奋斗目标。

并且，作为体育教师应与时代发展紧密接轨，不断追求知识和能力的革新，始终保持崇尚科学的态度和价值取向，具有严谨、求实、刻苦、勤奋的工作作风，以及热情、开朗、和谐、宽厚、自信的性格和敬业、乐业的教学精神，做到精于教学，勤于育人，真正实现和达到体育教育的目的和要求。

2. 职业道德

职业道德是体育教师教育行为的原则和规范，它对体育教师的日常行为有一定的约束力，同时也是成为一名合格体育教师的基本要求和标准，其具体内容包括：爱护学生，关心学生，尊重学生；忠于职守，安教、乐教，尽职尽责；以身作则，严于律己，为人师表；乐于助人，积极进取，勇于竞争，敢于创新，等。

（三）健壮的体格

身体素质是一名合格体育教师应具备的最基本素质，它是完成运动技术、提高运动技能的物质基础，是体育教师顺利传授各项运动技术和知识、完成正常教学任务、实现体育教育目的的保障。

良好身体素质在人体外在形态上的表现为：匀称的体格，结实发达的肌肉，结构完美的身材。

体育教师被誉为“人类健康的工程师和健美师”，不仅是塑造人体健康和美的使者，而且还应该是人体健与美的化身。

由于体育教育是一种直接作用于人体，并使其产生良性改变的过程，所以体育教师给学生感受最直接、最强烈、最深刻的应该是体育教师外在的仪表和形态。一个具有强壮的体魄、匀称健美的体型、潇洒大方的风度、准确优美的动作和旺盛精力的体育教师带给学生的不仅是美的享受和感染，而且还会对学生产生很强的吸引力和感召力，激发学生参加体育锻炼的兴趣和积极性，并长时间地影响学生进行体育学习、参与体育锻炼的热情。另外，体育教师的外形也会在一定程度上影响学生对教师的态度及师生间的交流和情感建立，进而影响体育教育的顺利实施和最终效果的达成。

（四）良好的心理素质和应变能力

体育教育过程中学生的一个显著心理特征就是急于模仿和对教师的依赖。由于体育教育所具有的开放性和实践性等特点的影响，教师与学生之间的交流除了用语言进行外，还经常通过各种形式的肢体动作进行暗示和沟通，比如手势、眼神、面容、点头或摇头等，体育教师的一言一行都会在无形之中影响到学生心理品质的形成，以及他们对体育和体育教学的态度和参与性。

另外，受体育教育本质的影响，体育教学活动大部分是在室外进行，教学空间大，因而干扰因素比较多，师生及生生关系时刻都处于动态变化中，而体育教育本身是集智力、情绪体验、身体活动于一体的复杂活动，出现失误和突发事件的概率也较其他教育活动更多，师生情绪波动比较大，组织、管理和控制难度相对也较大。

因此，体育教师要有良好的心理素质和处事方法，冷静、及时、准确地处理各种矛盾和突发事件，从而使课堂教学始终处于良好的气氛和正常的教学秩序中，也能为学生的心理发展起到潜移默化的榜样作用。所以，一名体育教师不仅要有坚强的意志力，十足的自信心，还应保持稳定的情绪和较强的自制力，能理智地调控自己的感情与情绪，言行有度，庄重含蓄。

此外，在面对和处理各种问题和矛盾时能果断、迅速做出正确的判断，抓住问题的本质，及时、准确地找出解决问题的办法，在思考和处理问题时有独特性和创造性。

（五）丰富的专业知识

丰富的专业知识不仅是体育教师进行教学的理论来源，也是进行各种教学科研活动的基础。

体育教育本身是门综合性学科，它包括自然科学和人文社会科学等多门学科的知识。

而体育教师所面临的是一个知识含量和技能要求很高的时代，要适应新时代的教育要求，并争取更大的生存和发展空间，仅凭单一的体育专业知识是不够的，必须善于学习和应用新知识，使自己的知识结构更加合理、完整和科学化。

因此，作为现代体育教师应具备体育科学、人体生物科学及管理科学等完整的知识体系，较宽厚的现代教育基础理论及较全面的社会学科专业知识和技能。

（六）精湛的业务水平和能力

体育教师是体育课程的设计者，更是体育教学的实施者，因此，体育教师除了具有丰富的专业知识外，还需要过硬的教学、组织和管理能力。

不仅精通各种教学方法的使用技巧，还能灵活根据教学的需要及教学环境的变化而采取多样的教学组织形式，合理编制和安排教学内容，并能有效地指导学生进行学习。

另外，体育教师还应能配合教研室和学校其他职能部门共同组织和实施全校性或年级性的各种课外体育活动，协助班主任和学校其他部门共同管理和教育学生。

（七）重视培养学生的运动兴趣

体育教学活动中，学生容易受一些隐性教育内容的影响而潜移默化地受到教育和感染，如教师的人格和行为、学习氛围、物质环境等。

体育教师应把握住这个特点，在教学活动中培养学生的道德品质，形成良好的性格。而且，还应特别注意培养学生的组织和管理工作能力，有意识地让他们独立地组织一些锻炼或竞赛活动，在大量的集体练习中培养学生团结协作的集体主义精神。

运动兴趣是促进学生自主学习和终身坚持体育锻炼的前提，体育教师要格外重视学生的运动兴趣的培养，使学生能够自觉、积极地进行体育锻炼。

一般小学生已有的体育运动兴趣比较有限，并且不太稳定，大多尚未形成兴趣中心。但是，已有的体育运动兴趣可以改变和发展，新的体育运动兴趣可以通过体育教师教学上的引导去培养、发展和巩固。

因此体育教师要合理安排教学内容，注重教学技巧，不断激发和培养学生的运动爱好和热情。

第三章　学校体育课程研究

我们知道，要想使学生的德智体美劳得到全面发展，学校的体育课程就显得非常重要，只有学校体育课程实施顺利，才能保证学生有健康的体魄投入到其他学科的学习当中，保证学生的学习效果。前面我们已经对学校体育课程以及学校体育课程的目标进行了相关阐述，本章我们就学校体育课程进行详细研究。

第一节　学校体育课程的学科基础

一、体育课程的生物学基础

（一）人体适应性规律

机体会随着静止或运动的状态不同会产生不同的有针对性的内部反应，当机体处于运动状态时，由于运动负荷的不断增加，机体内部的各个器官为适应这种状态就会产生相应的反应。随着机体内部不断加强的异化作用，就一定程度上加强了体内储备能量的消耗速度，这一阶段就属于机体的“工作阶段”。当这个阶段结束之后，机体就进入了间歇调整期，也就是在这个阶段，机体因运动失去的能量会逐渐恢复，也就是所谓的“相对恢复阶段”，通常情况下，机体在该阶段能恢复到运动前的水平。而如果在经过长时间的休息和恢复，在充分恢复机体功能的情况下，很可能会远远高过原来的机体水平，也就是我们说的“超量恢复阶段”，该阶段的具体状况会随着机体的具体情况以及接下来的运动负荷而有所不同。如果再进行一段时间的运动，机体会在运动负荷的作用下进入“复原阶段”。(图 3－1－1)。

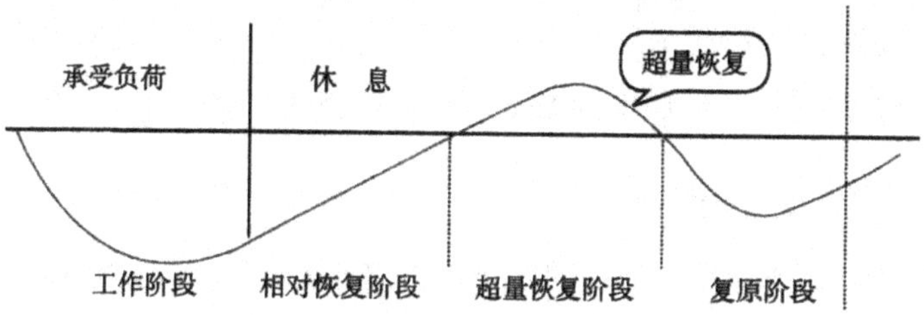

图 3－1－1 人体生理机能适应过程示意图

（二）人体生理机能活动能力变化的规律

在体育教学的实践过程当中，学生必然要跟着教学活动的深入，进行不同程度的体育锻炼。当学生处于一种经常进行体育锻炼的状态时，随着锻炼与休息的交替进行，机体内部的各个器官就会适应这样一个过程，进而形成一个规律，具体到教学的实践中，就是在一节课上，学生呈现出来的状态是一个抛物线，即工作阶段不断上升，当机体在运动负荷的作用下处于状态巅峰的时候也就是进入了保持和相对稳定阶段，之后就会进入下降阶段（图 3－1－2）。

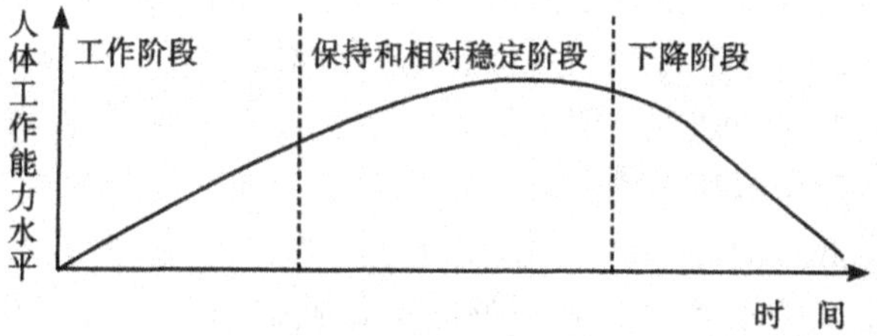

图 3－1－2 人体生理机能活动能力变化示意图

二、体育课程的哲学基础

（一）体育课程以辩证唯物主义的认识论作为方法论基础

体育教学过程是学生的一种特殊认识过程，体育课程学习，主要是通过身体认知、掌握运动技能。对于机体来说，由于运动技能存在一定程度的连锁性和复杂性，肌肉会在运动的过程当中产生一系列的相关条件反射，这主要是大脑皮层受到条件信号和非条件信号的刺激而产生的一种联系。因此，当学生在接触和学习与体育相关的知识与技能的时候，一定要对活动的规律有充分的认识，并秉持实践与理论相结合的原则，只有这样才能对体育课程有一个充分的认知。

（二）理论与实践的结合过程

对于理论与实践的结合，只有通过具体的体育实践技能才能让学生有足够的认识和把握。通常，人们将体育运动的形成过程分为三个阶段，概括来讲是泛化—分化巩固—运用自如，首先泛化阶段就是最初接触运动的时候对运动的一种粗略掌握，第二个分化巩固阶段也就是随着运动程度的不断加深，机体会有一定的改进与提高，并在此基础上有所巩固，第三个阶段也就是运用自如阶段，该阶段可以说是运动的最高阶段，对运动已经有了更深的理解和掌握。

1. 粗略掌握动作阶段

（1）这一阶段的特点

大脑皮层兴奋扩散，内抑制不够，表现为动作往往比较吃力、紧张、不协调，并伴有多余动作等。

（2）这一阶段的教学策略

①正确运用教学方法：根据教材特点与学生的实际，运用语言法、动作形象与直观法，注意分解、定位、助力、阻力等方法的运用，使学生明确动作学习的意义与任务，建立正确的动作表象。通过尝试性的练习，初步建立动作的基本框架结构。

②适当降低难度。

③建立正确的动作表象和完整的动作概念（取决于：教法的正确运用；生动形象的语言；优美、准确的示范）。

④加强保护与帮助。

⑤要有适宜的运动负荷（尽可能使学生在注意力集中、精力充沛的情况下去练习）。

2. 分化阶段

（1）特点：大脑皮层兴奋与抑制过程处于分化阶段，兴奋相对集中，内抑制逐步稳定，能较准确地分析与完成动作，多余动作逐步消除，动作的紧张性降低。

（2）任务：规范动作细节，提高动作的协调性与节奏感，初步建立动力定型。

（3）教学策略：

①多采用完整练习法，尽早建立完整动作的动力定型。

②精讲多练，注意练习的次数与质量。

③区别对待。

④逐步采用变换练习法。

⑤注意及时反馈。

3. 巩固与运用自如阶段

（1）特点

当学生处于这一阶段的时候，由于长时间对大脑皮层的刺激，就导致在时空上更加集中的兴奋和抵制，也就是在这样的基础上，学生在运动的过程中才能更加熟练准确、连贯稳定和省时省事，进而在很大程度上增加了可靠性与适应性。

（2）任务

该阶段的主要任务就是对已经掌握了的动作技能更加熟悉，并在此基础上使技术的变化范围为适应不同的情况而不断扩大；由于不同学生的身体素质和技术水平各不相同，因此在锻炼的过程中也要因人而异，使学生的身体素质不断提高，并在此基础上不断完善和改进。

（3）教学策略

①教师应多注意学生动作细节的改进与提高，要求动作的完整性与连贯性。

②多采用重复练习法（要求动作规格、用力、基本姿势要准确规范）。

③注重启发式教学的运用，讲解主要是提示，促进学生自我认识、评价动作完成情况，提高分析问题与解决问题的能力。

④加大运动负荷。使学生在承受较大负荷的情况下，甚至是在有一定疲劳的情况下，准确熟练地完成动作，提高动作技能的稳定性。

⑤发展学生的身体素质。

三、体育课程的科学人文基础

所谓科学，是对客观存在的事物或实在的正确认识，而人文是对客观存在事实或事物的价值判断。

体育学科当以广泛的学科为基础体现了科学主义与人文主义的融合与统一。体育课程所指的科学，是指基础科学中与人体发展相关的生物力学、生物化学、生理学、运动医学等。

体育课程所指的人文，是指以文、史、哲、艺术为精髓的对体育价值的判断。体育课程要遵循人体自然规律与社会规律的统一，是对体育价值更为全面、准确的判断。

四、学校体育课程的作用

学校体育课程对学生的体质增强有着直接的作用，在此基础上，体育文化也被很好地传承下来，有效帮助学生树立正确的精神世界和人生价值观。

（一）传授相关的体育知识

1. 学校体育课程往往是体育知识的启蒙

知识对于个体体育实践活动的重要性是不言而喻的。很难想象一个不懂体育文化，不具有基本体育素养的人能够在现代社会充分享受体育的激情和快乐，尽情享受体育带来的健康和活力。学校体育课程作为一种教育形式，其主要任务就是传承体育文明，让学生接受体育文化教育，从而更好地为学生的生活服务。然而，体育文明不是一个空洞的词汇，它是一个内容庞大的群体，庞大和多样到任何一个体育专家都无法尽数。生活在现代社会的个体就是被这样多样化的体育文明包围着，面对如此境况，学校体育课程在文化传承过程中应该扮演什么角色呢？我们认为，学校体育课程是学生体育知识的启蒙，其理由如下。

第一，学校体育课程是对学生今后深入学习体育运动的启蒙。学校体育课程教授的体育知识是最基础和最基本的，这有利于学生今后根据自己的兴趣和爱好更好地进行深入学习。由于教学时数和学校条件的限制，学校体育课程不可能让学生对？主育文化进行全面接触和深入学习，只能在力求让学生形成1—2项擅长运动的基础上，对日常流行的体育运动有一个大体了解和基本认识。这样，学校体育课程就给了学生一个多项运动入门的平台，为他们今后进一步学习奠定基础。

第二，学校体育课程是对学生体育兴趣、体育价值观的启蒙。学生时代是体育兴趣、体育价值观形成的关键期，而体育兴趣和体育价值观在很大程度上依赖于个体对体育知识的掌握。如果一个学生对某些运动进行了初步的体验和学习，那么他就能够体验到这些运动的乐趣，从而找到更适合自己的运动。如果学生对体育文化有了全面地了解，那么他对体育的认识就会更加深刻和正确，就更能够形成科学的体育价值观和良好的体育态度。正如有些同学所说：我们轻视体育，是因为我们从未接受过高等正规的体育教育。

第三，学校体育课程是学生体育锻炼的启蒙。体育锻炼是一门学问，是一门科学。个体良好健身效果的获得不仅仅是靠形式上的参与就能够解决的，运动参与只是体育锻炼的“形”，体育锻炼知识才是体育锻炼的“神”，体育锻炼必须形神俱全才可能取得良好的锻炼效果。学生正处于身体的生长发育期，通过学校体育课程让他们更多了解不同时期的身体发育特点，掌握基本的锻炼知识，这对其形成科学健身意识、正确的锻炼态度都是很有益的帮助。

2. 学校传授的体育知识是最完整和最有保障的

体育知识对个体体育实践活动非常重要，关于这一点人们已经达成了共识。学校体育课程是传递文化、培养人的教育活动，这一点也得到了公众的一致认可。但是，个体的体育学习是贯穿一生的行为，其体育知识的获得途径广泛而且多样。那么，与其他形式相比，学校在体育知识的传授方面有什么独特的优势呢？我们认为，学校传授的体育知识是最完整和最有保障的，这一点是其他形式无可比拟的。

第一，学校传授的体育知识是最完整的知识。学校体育课程是一种有目的、有计划地对学生实施体育文化教育的活动，其学习内容是体育课程专家和体育教师根据社会需要和学生身心特点，从浩瀚的体育文化体系中精选出来的基础知识和基本技能。这些知识具有全面性、多样性、连贯性和实用性的特点，比较完整地展现了体育基础文化的面貌。然而，学生通过其他途径的体育学习，所获得的知识往往是零散的，尽管可能很有针对性，但是从体育文化传承的角度讲，它不利于学生对体育文化的系统了解，因此只能作为学习的辅助形式。

第二，学校传授的体育知识是最有保障的知识。与其他形式相比，学校传授的体育知识不仅是最完整的，而且也是最有保障的，这是因为：首先，在学校学习体育知识最有时间保障。在人的一生中，只有学生时代是专门用于学习的时期。学生在学校中的主要任务就是学习各种文化知识，体育文化知识的学习也不例外。其次，在学校学习体育知识最有质量保障。学生在学校的体育学习是在体育教师的指导下进行的，是教师有目的、有计划地引导学生掌握体育知识的过程，这在某种程度上大大提高了学生体育学习的效率和质量。最后，在学校学习体育知识最有环境保障。学校是专门对学生实施教育的场所，因此在教育环境上要远远好于其他场合，如学校的体育场地器材是比较全面和形式的，基本能够满足学生学习的需要。而且学校的体育场地器材往往更加符合学生的身心特点，具有年龄的针对性，更加适合学生的锻炼和学习。与之同时，除体育课外，学校还会通过开展多种形式的运动竞赛来激发学生的学习热情，引导学生在竞赛的氛围中学习体育文化。

3. 学校传授的体育知识以操作性知识为主

就体育知识而言，其类型可以分为以下四种：第一种是“知晓性知识”。所谓知晓性知识，是指人们可以去言传的知识，这部分知识与其他学科的知识具有共通性。在体育文化中，知晓性知识主要包括运动的历史知识、运动项目知识、体育锻炼知识、卫生保健知识等。第二种是“操作性知识”。所谓操作性知识，是指知道某种操作性动作的合理并知道如何运用这种方法的知识。在体育文化中，身体基本活动技术、项目运动技术方法、战术、安全保护的方法、锻炼身体的调控方法等都属于这一类的知识。第三种是“综合性知识”。综合性知识是知晓性知识和操作性知识共有的混合性知识。在体育文化中，体育锻炼方法与原理即属于这一类型的知识。第四种是“道德性知识”。道德性知识也是一种融知晓性知识和操作性知识于一体的混合性知识，主要渗透在公平、公正、团结友爱、协同、理解、原谅、服从等行为中。

与其他类型的体育知识相比，体育操作性知识具有自己独特的特点：第一，它是既需要言传又需要经过内化训练的知识，只靠言传是不能完全掌握作性知识的；第二，它一旦掌握就不容易遗忘，如学会了骑自行车，其技术可能永远不会完全消失，即便以后很长时间不骑车，但依然具有相应的操作性本领；第三，它有难度之分，主要表现为同生活相近的操作性知识容易掌握，同生活较远的操作性知识不太容易掌握。

（二）完善学生的道德行为

1. 体育是良好行为和道德培养的最佳教材

（1）体育是挫折和成功交替的过程

体育强调竞争，是与对手的竞争，与自己的较量。但是，竞争必定有输赢，因此体育运动往往既有挫折又有成功，是挫折和成功交替的过程，如在奥运会的颁奖仪式上，当看到运动员饱含泪水庆祝自己胜利的时候；在日常长跑中，当看到一些学生尽管拼尽全力但最终落后却坚持到达终点的时候；在体育教学中，当看到有些学生屡屡受挫但最终通过努力完成学习目标的时候，我们都会为之感动，同时也会为他们的行为喝彩。因为，他们在历经挫折之后战胜了自己，这就是体育的魅力。

（2）体育与集体的形成密切相连

体育与集体有着密切的联系。然而，集体不是一句空话，集体有集体的要求。例如，集体要有共同的目标，集体要有共同的荣誉感，集体要求成员完成各自的职责，集体要求集体成员遵守集体的规则，服从集体的领导等。在这些方面，体育本身就表现出了很多集体的特点。比如，体育运动中很多运动项目都是集体项目，是需要依靠多人（集体）配合来共同进行的。这些运动团队有共同的目标，有共同的荣誉感，每个队员都有自己的职责。因此，体育运动的过程本身就是集体形成的过程，在这一过程中有助于个体学会适应集体的本领。

（3）体育行为是被规范了的行为

体育是一种被规范化的文化，这种规范性体现在体育运动的方方面面，主要包括规则规范、道德规范、礼仪规范、服装规范、行为规范等，如比赛时运动员必须遵守比赛规则，如果违规就要受到处罚。比赛中如果出现“黑哨”，裁判员就会因为违背了诚实、公正的道德规范而受到谴责。体育的规范性同时也体现在我们对体育运动的参与中。比如说跑步，当我们以自然状态跑步的时候，跑就比较随心所欲，而当我们在田径场上跑的时候，就会追求很多规范性的东西。比如，不能犯规、跑得好看、着装合体等。体育就是这样一个被制约着，同时又可以展现自我、自由和规则的文化。

2. 体育精神与学校教育相吻合

（1）体育体现了顽强拼搏的奋斗精神

拼搏精神是人类得以繁衍生息、繁荣昌盛的重要品质，是人类最伟大、最可称颂的内在力量。提到拼搏，几乎每个人都会在第一时间想到体育，因为赛场上的拼搏正是人类拼搏精神的缩影，“更快、更高、更强”也正是人类挑战极限、挑战自我拼搏精神的最好诠释。顾拜旦在《体育颂》中曾有过这样的赞叹：“啊，体育，你就是勇气！肌肉用力的全部含义是敢于搏击。若不为此，敏捷、强健有何用？肌肉发达有何益？”我们所说的勇气，不是冒险家押上全部赌注似的蛮干，而是经过慎重的深思熟虑。由此可见，体育体现了人们克服一切困难的进取精神和英雄气概，它让人们明白生活中最重要的事情不是胜利，而是斗争，不是征服，而是奋力拼搏。

（2）体育体现了坚持不懈的参与精神

坚持不懈是体育对人类精神文化的又一重要贡献，如牙买加运动员奥蒂被称为“永远的伴娘”，她多次参加奥运会和世界田径锦标赛，获得过三十多块奖牌，却从未获得过金牌，但她坚持不懈，四十多岁仍然奔跑在竞技场上。人们称她为“失利者”而不是失败者，在她的身上集中体现了奥运会提倡的永不放弃、永不气馁的体育精神。在运动场上，还有很多像奥蒂一样的运动员，尽管他们没有获得金牌或很少获得金牌，然而他们永不言弃的精神却已经远远超出了金牌的意义，他们的存在本身就是人类精神追求的象征。正如鲁迅所说：“优胜者固然可敬，但那些落后而仍然跑到终点不止的竞技者，和见了这样的竞技者而肃然不笑的看客，乃正是中国将来的脊梁”。

（三）健全校园文化

1. 体育是显现的校园文化景象

从文化性质上说，校园文化实际上是一种群体文化，其发展主体是学生，主要发展内容是课外活动，主要发展空间是校园，在这当中，校园精神是校园文化中最显著的特征。体育不仅是校园文化的重要组成部分，而且还是最显现的校园文化景象。

从形式层面讲，体育是学生在学校每天都要接触的文化，如清晨学生在教师带领下进行早操锻炼。第二节课后，全校师生在音乐的陪伴下走向操场，开展丰富多彩的大课间体育活动。下午第二节课后，形式多样、内容精彩的课外体育活动则让学生进一步享受体育带来的快乐。从精神层面讲，体育文化蕴涵了人类精神文化的精髓，给文化启蒙带来很多东西。如体育比赛中自由发挥的创造精神、挑战生理极限的拼搏精神、服从团队和裁判的规则意识都是现代人最重要的文化素质。学生参与体育活动，对优秀精神品质的培养、积极向上社会风尚的形成以及民族自豪感、自信心、爱国主义精神的树立都有很大的帮助和提升。并且，经常参加体育锻炼，对学生的身体健康和心理素质都有较高的增强。从物质层面讲，学校的体育场地、体育场馆也同样是学校中一道亮丽的风景线，是学校对健康、快乐、文明倡导的充分展现。

2. 体育是最流动活泼的校园文化

体育不仅是最显现的校园文化，而且还是最流动活泼的校园文化。例如，学校每年举行的各种各样的体育比赛、校运动会和体育文化节，往往是学生们最开心和校园内气氛最活跃的时刻。其中，体育文化节在所有能够体现体育文化的活动中，是最有节日气氛的，体育文化节秉承“健康”

“快乐”“文明”的文化理念，将公平、公正、团结、友谊、进步、拼搏作为发展宗旨，将有关体育的文化、知识汇集一体，在文化节中举办各种游戏、比赛、活动，如征文、绘画、摄影、跑步、跳远等。体育文化节的快速发展，在社会上得到了越来越多人的关注和支持，体育文化节使得体育活动不再是枯燥趣味的锻炼，更多的是一种在业余生活中精神上的享受和一种愉快的生活体验，越来越多的人在这种充满激情的体育运动风潮中，受到感染，积极参与到体育锻炼中。在校园这块沃土中，学生通过充满活力、快乐、竞争、协作、创新的体育活动展示各自的才能，从而战胜自我、超越自我、完善自我。体育这种最流动活泼的校园文化形式，不仅激发了学生的爱校热情和进取精神，而且培养了学生自觉维护和遵守校纪、校规的良好行为习惯，对健全高尚人格的塑造起着非常重要的作用。

3. 体育是学生最喜爱的校园文化

体育运动是很有乐趣的，正是因为这种乐趣性，使得体育不仅是最显现、最流动活泼的校园文化，而且还是学生最喜爱的校园文化。第一，从本质上来说，体育运动的乐趣是竞争性，学生可以在体育运动中，通过人和人的竞争、人和物的竞争来体验战胜他人、战胜自我、克服困难实现自我的乐趣。其次，是“身体需要的满足”，它是消除了身体因运动不足产生的不适感而产生的快感，是充分的运动和大汗淋漓后的快感。再次，是“解惑快感”。交往需求是个体最基本的一种需求形式，体育运动往往需要多人共同参与、相互配合，学生很容易借助这种形式体会到交往的快乐。正是因为体育具有上述四种独特的乐趣，因此，体育也就自然成为学生最喜爱的校园文化活动之一。

（四）社会学校家庭的顺畅沟通

1. 身体和安全是学生家长最关心的事情

对于学生家长而言，最关心的事情莫过于学生的身体健康，这个道理是显而易见的。第一，身体健康对于任何一个人而言都是最重要的。因为健康是生命的象征，幸福的保证。作为世界卫生组织的总干事，马勒博士曾经将生活、事业与健康的辩证关系做了详细地阐述，他说：“健康并不代表一切，但失去了健康，便丧失了一切。”这句话充分阐明了。第二，学生正处于个体身体生长的快速发育期，身高、骨骼、肌肉、内脏器官在这一时期都在快速生长发育。因此，这一阶段的健康状况不仅会影响到学生当前的生活和学习，而且还会对学生的终身健康产生至关重要的影响。

在促进学生身体生长发育、维护健康的众多因素中，体育锻炼是最为关键和重要的一环。法国思想家伏尔泰曾有句名言——“生命在于运动”，我国也有许多有关的谚语，如“强身之道，锻炼为妙”，“常流的水不腐，常练的人健康”，等等。这都说明了体育锻炼对健康的重要作用。经常参加体育锻炼之所以能增进身体健康，“就在于身体锻炼的每一项动作都表现为肌肉动作，并增加骨骼、韧带的负荷量。由于肌肉工作量的增加，肌肉纤维将变得粗壮有力。随着肌肉工作量的加大，必然需要不断增加氧气和营养物质的供应量并加速代谢作用，从而使心脏机能达到更高水平，肺活量逐渐增大”。因此，学生在学校的体育锻炼情况也必然受到家长的强烈关注。

2. 体育文化从学校扩散到家庭和社会

学校是系统传承体育文明的重要场所，也是系统传承体育文明的唯一途径。然而，随着社会的发展，学校的文化传承功能也在不断拓展，并日益成为向家庭和社会宣传体育文化的桥梁。这主要表现在以下几个方面：首先，学校体育课程和社区体育的结合日趋紧密。在当前社区体育发展的过程中，学校体育课程凭借其在体育场地、器材、体育指导等方面的独特优势，对社区体育发挥着越来越重要的作用，如学校体育课程场馆定期向社区居民开放，不仅为居民锻炼提供了物质保障，而且还能够为居民锻炼提供科学的指导。其次，学校体育课程的活动形式和内容越来越多样化，在空间上，已不仅仅局限于校园，在人员参与上，也已不再仅仅局限于学生，如有些学校在举办体育文化节的过程中，组织学生走向社区，宣传体育文化。与之同时，诸如体育摄影、体育绘画、体育表演、体育游戏等活动内容也成为家长和学生共同参与体育的平台。最后，学校体育课程运动会已不再仅仅是学生的乐园，而是逐渐成为家庭体育的一种形式，如有些学校在运动项目设置上专门有亲子项目，有些学校在举办运动会或其他体育竞赛时，也会邀请家长参加。总之，学校体育课程在逐渐走出围墙，成为家庭、学校、社会体育一体化的重要环节。

3. 学校运动会逐渐成为社区的盛事

随着学校、家庭、社会体育一体化发展模式的建立，学校运动会的形式也发生了非常大的变化。过去，学校运动会只能称为少数学生的运动会，因为只有运动成绩好的学生才有一显身手的机会，而多数学生只能为之呐喊助威。与过去相比，现在的学校运动会更加注重全体学生的参与，运动会上每个人都有自己的参赛项目，同时学校还会向家长发出邀请，以为学生加油助威。近年来，为了进一步响应全民健身的号召，更好地调动学生进行体育锻炼的积极性，一些学校与社区联合，以学校中学生家庭为单位，举行别开生面的家庭运动会，比赛项目趣味十足，如300米接力赛、负重跑、跳远、跳绳累加赛、模拟保龄球赛、羽毛球掷准赛、乒乓球运输拉力赛、篮球投篮累加赛、自行车慢车赛、仰卧举腿累加赛等，学生与家长参与热情高涨。由此可见，目前学校运动会已经不再是少数学生或学校的盛事，而逐渐成为所在社区的盛事。

第二节　学校体育课程的编制与实施

一、学校体育课程的编制

（一）体育课程编制的概念

课程编制（Curriculum Development）是一个有争议的概念。英国菲利浦·泰勒认为："课程编制是指那些经过精心计划的活动，通过这些活动，设计出各种学习或教育活动方式，并将它们提供给教育机构中的人们，以此进行教育的方案。"施良方在其《课程理论》中将课程编制订义为："为完成一项课程计划的整个过程，它包括确定课程目标、选择和组织课程内容、实施和评价课程等阶段。"课程编制要区别于课程设计（Curriculum Design）（图3－2－1）。

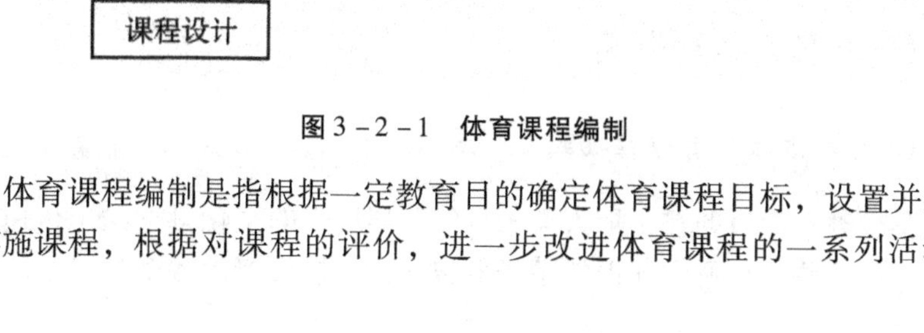

图3－2－1　体育课程编制

体育课程编制是指根据一定教育目的确定体育课程目标，设置并组织和实施课程，根据对课程的评价，进一步改进体育课程的一系列活动的总称。

体育课程编制过程，是将预期的体育课程目标转化为预期的体育课程过程，它起着转变、过渡和衔接的作用。

（二）体育课程编制应考虑的因素

1. 社会需求

体育课程对于运动技能所提供的价值，更多的是将满足社会生产劳动的需要，转换为提高个体的生活质量方面。

2. 体育学科因素

随着社会的发展，科学技术的进步，人们开始学生物学、医学等方法，研究人体的细胞、肌肉等组织和结构，用心理学的方法研究人的心理变化规律，用实验的方法来研究运动对人的生理和心理的影响，利用高科技等手段使人的动作最佳化，体育已成为含有生命科学、自然科学、社会科学等在内的综合性课程。因此，在体育课程的编制过程应该考虑学科本身的发展趋势，让学生了解学科的发展动向，使体育课程编制更可靠、更科学。

3. 学生的因素

学校体育课程的编制，要充分考虑到学生的身体发展与心理特征，根据学生智力、能力和身体状况来选择和组织相应的体育课程内容。

学生身心发展的规律表现为整体性、连续性和个别差异性。

体育课程编制应体现学生的品德、才智、审美、体质发展的整体性。

体育课程编制应体现学生的连续性和阶段性。学生的身心发展是一个持续不断而又渐进的过程，同时还表现出一定的阶段性。

学生的身心发展具有个别差异性，主要是指学生的个性心理特征和个性倾向性表现出不同的差异，包括兴趣、需要、动机、理想、气质、性格、能力等方面。

（三）体育课程模式

1. 学科本位体育课程模式

学校教育的目的在于把人类千百年积累下来的文化科学知识传递给下一代，而这些文化科学知识的精华就包含在学校设置的各个学科中。学校本位体育课程模式的内涵及评价可以概括为以下四点。

（1）学科本位模式的目的和目标

学科本位模式的目的和目标是要把学生从小就作为小学者、小科学家来培养。在这一目的和目标的驱使下，这一体育课程模式更加注重学科本身的价值，在设置具体的课程内容时，以增强学生体质、强化学生的体育专业知识和技能等为主要任务，不断丰富教学手段，投入更多的资源在培养专门的体育人才上。但是，这一模式的主要弊端就是忽略了社会与学生对体育的具体需求。

（2）学科本位课程模式的内容

长期以来，人们积累下来的体育学科的系统知识，主要强调的是体育科学的基本知识、技术、技能。重视技术和技能的传授，轻视体能的发展和能力的培养。

（3）学科本位课程模式的特征

学科本位课程模式的特征主要体现在三个方面：第一，专门性，即反对学科的综合性；第二，学问化，即先考虑学术性，然后再考虑青少年的特点和社会的一般需求；第三，结构化，即重视学习每一门学科的基本概念。

（4）学科本位课程模式的评价

学科本位课程模式的评价形式多为标准化测验、学业成绩测验以及衡量学生已掌握知识的种种方法。有严格的评价标准，主要采用测试的手段来评价学生的学习水平，重视结果，忽视过程。

2. 学生本位体育课程模式

学生本位体育课程模式的主要思想理论：体现以“学生为中心”或“学生中心学校”的课程思想。

（1）学生本位论的目标

不仅是让学生掌握基本的专业运动知识，而且让学生在自由、机会均等的条件下，能够自我实现，体验成功，不要求学生一定掌握或精通某项技能，而是要求学生在自己喜爱的基础上积极参与一些体育活动，从而发展学生的终身体育意识。

（2）学生本位论的内容

内容的选择上根据学生的兴趣爱好来安排，较少考虑到学科和社会的发展需要。学生对什么运动项目感兴趣，就所学什么运动项目，以及把与该项目有关的体育技能、理论及经验当成课程的教学内容，导致对体育课程的内容安排没有明确的要求，也较少有规划性和系统性，只是将体育当成一种工具，以满足个人生活和社会生活的需求。

(3) 学生本位论的评价

注重整个学习过程，注重教师和学生对课程的主观评价，没有固定不变的评价标准，以成长（进步幅度）为导向，强调经验性，是一种促进与非竞争性的评价。主要采用陈述性报告、学习档案、自我评价等方式对学生进行了多元评价，只强调学生在体育学习过程中的经验体验，是一种开放性的评价。

3. 综合体育课程模式

(1) 综合体育课程模式的目标

①实现知与情的整合，即达到人格整体发展。教师和学生是教学的两个主体，在教学过程中相互作用。所以学生与教师之间的情感联系能够有效促进教师教和学的进程。

②实现知识与生活的整合。知识的学习最终将运用于生活，同时，在生活中，也可以获得很多实践经验，使得知识的学习更加丰富和充实。所以，所谓的知识与生活的整合，其实就是将课堂知识与生活实践相结合，互相补充，互相融合，共同解决在社会实践中遇到的现实问题。

③实现各领域学科之间知识的整合。体育是一门综合性学科，所以与其他各项学科之间建立知识联系是非常必要的。通过各门学科知识的融合，可以使学生更容易掌握和运用学科的基本知识。

(2) 综合体育课程模式的内容

综合体育课程模式的课程内容比较广泛，又比较系统和全面，主要包括三个方面：体育学科本身的知识和相关学科知识；学生的需求知识；社会的需求。

(3) 综合体育课程模式的评价

这一模式的评价主要运用卷宗评级法，重视过程评价与终结性评价相结合。另外，这一模式的评价也十分注重学生的参与，包含了学生自我评价、学生互评以及教师评价多种形式，力求做到综合、公正。

社会的发展导致人们对综合型人才的需求增加，在综合体育课程模式中，综合体育课程模式越来越受到大家的重视。综合体育课程模式也越来越注重知识的整合和实际运用，提倡学习内容的横向性、跨学科性和综合性。

（四）体育课程标准的制订

基础教育体育课程标准对学生在体育与健康素养方面所应达到的水平

进行了规定，体现了国家对不同学段学生在体育与健康知识、身体健康、运动技能、心理健康、社会适应能力等方面的基本要求。这一标准是由国家教育主管部门制订与颁发的，具有绝对的权威性。因此，接下来我们就详细分析一下体育课程标准制订的具体内容。

1. 根据课程目标，确定课程内容标准

课程目标是一定教育目的在课程领域的具体化，是对学生通过课程学习所要达到的预期学习结果的陈述，它一般是由国家的课程标准或课程指导纲要明确规定的。

体育课程目标体系是以学生需要作为课程目标设置的主要依据、同时兼顾学科内容体系和社会需要。例如，《体育与健康课程标准》的目标体系，考虑了体育学科自身的特点和社会对体育课程学习的需要。

体育课程内容标准是根据课程目标，确定能达成目标的课程内容框架，并不规定或限制具体的教学内容、比例。标准在宏观规范上指导各地、各校的教学内容，同时，也给各地、各校留有较大的、选择教学内容的余地和广阔的、开发课程内容的空间。

2. 根据课程内容的特征确定必修内容

新的《课程标准》只是确定了体育课程的内容框架和选取原则，各校在体育课程实施中，应根据学生身心发展的特征和学习内容的可接受性，精心选择受学生喜爱，能为学生终身发展奠定基础的体育与健康基础知识、基本技能和方法作为学习内容，来确定不同年龄段学生的学习目标，选择对促进学生身心发展阶段有较大价值的教学内容，根据《课程标准》的要求和体育学习的规律组织教学，保证学生在身心健康发展的基础上能够学有专长、学以致用。

3. 根据可操作性和可观察性要求设置具体的学习目标

体育学习目标，来源于体育课程目标，是预期的学生学习结果或学习活动应达到的标准，是课程目标的进一步具体化，体育学习目标由教师根据有关教育法规、《课程标准》和各方面实际情况制订。它是指导教学活动设计、实施和评价的基本依据，对教学活动具有导向、指引、调控、测评等功能。

（五）我国中小学体育课程编制

目前，我国中小学体育课程主要由课程计划、教学大纲或课程标准、教材三部分组成。

1. 课程计划

课程计划曾被称之为“教学计划”，是课程编制的第一个层次。课程计划是指国家教育行政部门根据一定的教育目的和培养目标制订的，各级、各类学校教学和教育工作的法规性文件❶。

我国现行的《九年制义务教育全日制小学、初级中学课程计划（试行）》是前国家教委于1991年颁发的，课程计划是依据《中华人民共和国义务教育法》制订的，是学校进行教育教学工作的法规性文件，其中也规定了在九年制义务教育阶段中，体育学科设置的基本要求、课时分配等。

2. 课程标准

教学大纲是课程编制的第一个层次。它是编写教科书和开展教学的主要依据，也是检查和评定学生学业成绩、衡量教师教学质量的重要标准，它对教学工作有直接的指导意义。

现在，我国正逐步采用“课程标准”来代替目前的《教学大纲》。“课程标准”一词的使用在国外比较普遍。

在综合了多种思想之后，结合我国的教育传统以及教师的知识准备，下面几点认识是极为重要的。

（1）课程标准主要是对学生在经过某一学段之后的、学习结果的行为描述，而不是对教学内容的具体规定（如教学大纲或教科书）。

（2）它是国家（有些国家是地方）制订的某一学段的、共同的、统一的基本要求，而不是最高要求。

（3）学生学习结果行为的描述应该尽可能是可理解的，可达到的、可评估的，而不是模糊不清的、可望而不可即的。

（4）它隐含着教师不是教科书的执行者，而是教学方案（课程）的开发者，即教师是“用教科书教，而不是教教科书”。

（5）课程标准的范围应该涉及作为一个完整个体发展的三个领域：认知、情感与动作技能，而不仅仅是知识方面的要求。

3. 课程目标的陈述技术

一般说来，课程目标的陈述应该注意下列这些方面的技术因素。

---

❶ 课程计划针对学科的特点和学生身心发展的规律，从整体上规定着学校的性质、培养目标、教学目的和任务、教学内容的范围和应设置的学科、各阶段的教学进度、课时安排以及教学效果的评价标准等，全面安排学校的各种活动，决定着学校课程的结构与方向。

（1）课程目标必须分层次陈述

课程目标应该分几层，这要视情况而定。按照谁定、谁用这种目标来划分，我们可以把课程目标分成这样几层（图3－2－2）。

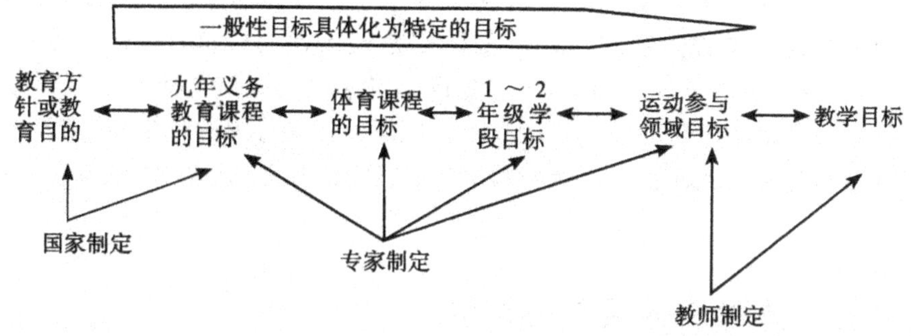

图3－2－2　课程目标具体化过程

（2）行为目标陈述的基本要素

通常，人们将行为主体、行为条件、表现程度以及行为动词作为四个基本要素对体育行为目标进行陈述。但并不是所有的陈述中，都要将这四个要素全部呈现出来，更多的时候是人们为了简便，在不引起误解和多种解释的情况下，将行为主体和条件省略掉。

（3）行为主体应是学生，而不是教师

通常在对课程标准进行检验的时候，往往会产生这样一种误解，有人会认为是对老师的课程完成度进行检验，而实际上是以学生作为主体，当学生的学习效果达到目标的时候，则意味着检验合格。因此，在对课程标准进行陈述的时候，也要完全站在学生的角度，将学生的典型特征作为陈述行为的结果，这种陈述方式完全不同于以往“教学大纲”中经常用到的语句方式，例如“提高学生……”“培养学生……”，这些方式在现在的陈述中是完全不符合要求的。尽管有时候的陈述中并没有刻意出现“学生”二字，但主体必须是学生。

（4）必要时，附上产生目标指向的结果行为的条件

行为条件是指影响学生产生学习结果的、特定的限制或范围。对条件的表述有四种类型：一是关于使用手册与辅助手段；二是提供信息或提示；三是时间的限制；四是完成行为的情景。

（六）课程内容

课程内容是指各门学科中特定的事实、观点、原理和问题，以及处理它们的方式。课程内容有三种解释取向：一是课程内容即教材（杜威等的

观点）；二是课程内容即学习活动（如陈鹤琴的“活教育”——“做中学、做中教、做中求进步”）；三是课程内容即学习经验。由于其各有优劣之处，我们一般综合处之。本书我们将主要探讨教材。

课程内容选择要注意基础性，贴近社会生活，要与学生和学校教育的特点相适应。课程内容组织的一般原则是连续性（Continuity）、顺序性（Sequence）和整合性（Integration），既要考虑纵向组织与横向组织问题，又要考虑逻辑顺序与心理（生理）顺序问题，还要考虑内容排列的直线式和螺旋式问题。此外，还有诸如重点与一般、各科之间的关系等问题需要考虑。

二、体育课程实施的策略

（一）从上至下

从上至下的策略指的是以国家和地区为中心的、逐渐推进实施的策略。这种策略包括两种模式：第一种，调查与发展模式，该策略将国家制订的体育与健康课程标准、各地制订的体育课程改革方案等，作为体育课程改革的计划而进行传播、推广。第二种，多因素综合模式，该模式更多地关注政治、经济、社会方面的因素，并且通过社会形式、教师的领悟力和技术来克服单一因素变革的局限。

（二）从下至上

从下至上的策略是基于自上而下的策略提出的，是以体育教师作为体育课程实施的主体，以当地或体育教师所关心的问题为起点来进行体育课程变革。具体变革可以分为以下四个步骤。

（1）在体育教师中开展改革的可能性讨论，产生对改革的期望。

（2）部分教师开始采取行动。

（3）体育教师产生对改革的判断。

（4）改革产生了问题，体育教师对体育课程的基本假设产生疑问等。

（三）从中间向上

从中间向上的策略认为学校是体育课程改革最适当的单位，一方面要着眼于学校体育整体的发展，而更重要的是要聚焦于学校体育改革的核心作用组成部分——体育教师，通过为体育教师创造条件，推动与协助体育教师参与变革。这种策略倡导在体育课程实施的过程中应从以下几个方面入手。

（1）帮助体育教师注意来自校外的信息，利用这一点作为体育课程改革的诱因。

（2）通过向校内和校外的人宣传，来促进体育课程改革新思想的普及、推广。

（3）通过体育教师的互相交流来促进新观念的广泛传播。

（4）鼓励体育教师建立在体育课程改革的过程中，随着认识理解的改变而思考如何运用新信息的观念。

（四）体育课程实施中参与者的作用

在体育课程实施过程中，主要的参与者包括以下几类人群。

1. 学生

在过去的体育课程实施过程中，教师占据主要地位，学生的参与度很少，所以导致很少有人能认识到学生在体育课程实施过程中的重要作用。但是新的体育课程计划为了改变这一情况，使课程计划取得成功，要求提高学生的参与度。因为如果学生们发觉这些要进行的体育课程活动与自己无关的话，他们将不愿意参与。为了达到理想的情况，应该让学生们以高度的兴趣和热情投入到体育课程改革的实践中去。

2. 教师

体育教师在整个体育课程实施的过程中，扮演着重要的角色，他们会直接影响到学生的学习。因此，教师的优秀程度也将很大程度上影响学生的学习情况。所以我们应该充分意识到体育教师的知识和能力问题是提高体育课程水平工作的中心任务。体育教师不仅要参加在体育课程上进行的改革，而且要参与整个体育课程变革活动。

3. 校长

校长是一校之长，校园内的很多事情都需要经过校长的指导和管理。首先，他们会对体育课程组织的环境产生重要影响；其次，他们能够对体育课程改革参与者起到支持作用。所以，校长在推进体育课程实施中具有主要作用。如果校长能够在体育教师中创造出良好的工作关系和氛围，那么，体育教师就会愿意承担必要的风险来完成新体育课程的开发和推广工作，从而也就有可能成功地实施体育课程变革了。

作为体育课程的领导者，校长所能起到的作用主要表现为以下两个方面。

（1）对教师工作的支持

①为新体育教师提供定向计划。

②使学校各个部门参与体育教师之间的交流。

③鼓励本区域内学校体育教师之间的交流。

④与体育教师进行较为充分的、平等的交流。

⑤制订体育教师的专业计划。

⑥鼓励体育教师利用图书馆和媒介服务设施。

（2）对体育课程实施的管理

①制订一套明确的本校体育课程实施的目标。

②正确处理有争议的、体育课程改革和发展中出现的问题。

③鼓励和奖励体育课程革新。

④调整学校体育环境、加强指导工作。

4. 体育教研员

体育教研员在体育课程的编制和实施过程中，起着重要的组织和监督作用，他们监督体育课程改革活动并对这些活动是否合理进行判断。事实证明，在整个体育课程实施过程中，很多内容都需要监督，包括体育教学方法、正在应用的体育内容等。除此之外，还要对教师的工作进行指导和监督。由此可见，体育教研员所提供的指导性监督是非常重要的，他们为课程实施提供方向和指导，并确保体育教师具备实现体育课程变革。

5. 家长和社区成员

人们太重视教育以至于把教育变成了教育者的事了，所以忽视了家长和社区成员在学校体育课程中的作用。实际上，家长和社区成员都想参与或影响学校体育课程，并成为体育课程变革的参与者。而且将家长和社区成员吸纳进来，可以在体育课程改革时结合各种团体的不同观点。

（五）体育课程实施的过程

1. 起始阶段

起始阶段是为体育课程的实施过程设计步骤，并使学校接受已计划好的体育课程实施方案。

2. 实施阶段

体育课程实施包括对体育课程改革的介绍说明，以及人们在体育课堂或其他教育场所实施体育课程的变革。它作为“行动的”阶段，要把各种不同模式和方法付诸实践。

3. 维持阶段

维持阶段，也称制度化阶段，是控制体育课程改革的重要阶段。

第三节　学校体育课程的学习与评价

一、体育课程学习的过程与特点

（一）学习的含义

学习作为心理学中的一个术语，其内涵与人们日常生活中的理解有所不同。例如，我们常说“要好好学习”“学习科学文化知识”“学习英雄模范事迹”等，这些一般都是指导人的行为改善。目前，心理学界对学习的解释众说纷纭，每个学习理论家都对学习下了特定的定义。归纳起来，大致可以分为三类：

（1）学习是指刺激—反应之间联结的加强（行为主义）。这一学派最著名的代表人物是美国的心理学家桑代克（1874—1949）。桑代克最初是学文学的，他16岁在韦斯里扬大学攻读文学学士学位时，读了詹姆斯的《心理学原理》后开始对心理学感兴趣，后来，他就在哈佛做詹姆斯的学生。在那里，他成为心理学史上第一个用动物实验来研究学习的人。当时有两个概念与他的实验特别有关，那就是：联想和习惯。联想这个概念是洛克（英国教育家）提出的。而习惯是指一种不需要意志努力就会自动完成的行为方式，是对自由意志和理性提出挑战的另一个概念。例如，像穿衣服、系鞋带这类动作，经过上百次重复，已成为不再受意志和理性支配的习惯性动作。

正是在这种理论的支持下，桑代克在上世纪末通过实验的方法，把联想和习惯融合进自己的理论体系，把联想主义变成联结主义，即最早的刺激—反应学习理论，从而从根本上推翻了自由意志和理性力量对行为的主导作用。

（2）学习是指认知结构的改变（认知学派）。早期认知结构论的主要代表人物有捷克斯洛伐克的韦特海默，德国的科勒和考夫卡，这种学派从似动现象、整体与部分、顿悟三方面的实验研究入手，认为学习即知觉重组或认知重组（如接近律、相似律、闭合律、连续律、成员特性律等）；顿悟学习可以避免多余的失误，同时又有助于迁移。韦特海默认为，学校学习的目的，是要把习得的内容迁移到校外情境中去。

（3）学习是指自我概念的变化（人本主义）。这一观点来源于罗杰斯的人本主义学习理论。

罗杰斯于1902年出生在美国一个原教旨主义的家庭，父母管教很严，从不让他出去跳舞、看电影，更别说抽烟、喝酒和打牌之类。他12岁那年，父亲买了一个农场，举家搬到乡下，主要目的是为了让子女远离城市生活的“邪恶”。所以他在整个青少年时期几乎不参加任何社交活动，也没有亲密的朋友，早年的孤独，成了他后来从事心理治疗工作的一个重要原因。

（二）体育学习的概念

体育学习是学生在教师的指导下，有目的、有计划、有组织、有系统地学习体育知识，运动技术，形成运动技能，培养品德和发展个性的过程，也是学生获得体育运动经验，提高体育素养，规范和改善体育运动行为的过程。

（三）体育学习的过程

1. 感知

学生的学习是在教师的带领和指导下进行的，所以在课堂上，教师所示范和讲解的动作，学生通过视觉和听觉将这些刺激转换成神经信息，进入感觉登记器，有的信息被记录了下来，而有的则被遗忘。这一过程就是感知的过程。

2. 记忆

记忆分为短时记忆和长时记忆。短时记忆一般贮存的是被感受器登记了的技术动作的相关信息，短时记忆可以在一定时间内，经过信息编码后进入长时记忆。所谓的信息编码，实际上是动作形式的一种转换，也就是原来以知觉方式存在的动作印象向动作概念、要领和动作表象的形式转换。

3. 反应

当教师要求学生做出某个动作时，学生会有一定的反应过程，在这个过程中，学生需要对以前掌握的贮存在长时记忆中的信息进行选择和提取，从而应教师的要求，做出相应的动作。反应的过程表明在学生的技能记忆中，已经掌握了该项技能，说明学习确已发生。

上述三大环节反映的是整个体育学习过程中的信息流程和转换，这也是从美国著名心理学家加涅的信息加工学习结构模式中提取出来的。而通过对这一模式进行分析，还可以总结出，学生每一个具体、完整的学习活动，基本上都可以分为以下八个具体阶段。

（1）动机。动机就是一个人学习的动力，所以学生有了学习的动机和期望，就会使学习行动指向学习的目标。

（2）领会。指的是学生对接收到的知识和技术进行了注意和选择性知觉。

（3）习得。指的是学生已经掌握所学知识，并且已经能灵活运用，会对其进行重新编码。例如，技术动作由短时记忆中的视觉印象转换成了动作的概念、要领、口诀、顺口溜及动作表象等。

（4）保持。学生将习得并经过编码的信息贮存在长时记忆中。由于新旧信息的干扰有的内容会被遗忘，而有的会被保持下来，为了使保持下来的信息更多，就要加强动作技术的重复性。

（5）回忆。这是一个将贮存在长时记忆中的内容搜索或检索的过程，这个过程往往要通过外部环境提示某些情境或刺激才能完成。

（6）概括。所谓概括，就是指学生将习得的知识技能运用到类似的情境中的过程。

（7）作业。作业反映的是一种检验或巩固过程，通过作业，可以对学生学习情况进行了解。

（8）反馈。反馈发生在学生学习行为完成之后。当学生得到他的学习行为使一定的预期得以实现这个信息后，学习的行为就完成了。反馈是学习者通过对其行为效果的观察提供的。如果学习的目的是习得某项运动技能，则反馈来自成功地做出这种运动技能。

二、体育学习的策略

体育学习策略指的是学生在体育学习过程中，为了达到特定的学习目标、提高学习效果而主动采取的对学习活动进行自我调节和控制的一系列程序、方法和技能。

（一）体育学习策略的特点

体育学习策略的特点可以概括为以下几点。

（1）指向性。所谓指向性，就是指体育学习策略的产生和应用是有着明确的目标的，即解决在体育学习过程中各种各样的问题，掌握特定的学习内容提要，达到预定的学习目标，获得理想的学习效果。

（2）灵活性。学习策略不止一种，尤其在体育学习过程中，不存在一个大而全，能解决学习中所有问题的学习策略。所以，不同的问题，其学习目标、内容、对象和情景等都是不同的，需要采取不同的策略。这就是体育学习策略的灵活性提下。

（3）调控性。指的是在体育学习活动中，学生能够根据学习的要求，选择适当的解决问题的方法，监控学习活动的过程，不断取得反馈信息，及时调控自己的学习过程，维持或修正解决问题的方法和手段。

（4）操作性。体育学习策略的制订是为了更好地解决学生在学习过程中遇到的问题，它们是针对体育学习目标的具体要求而制订的，并具有与之相对应的实施程序和方法，所以它们具备良好的可操作性，也就是能转化为学生的具体行动。

（5）综合整体性。体育学习策略多种多样，它们在学生的体育学习过程中是相互联系、相互影响、相互作用的，它们是一个整体，共同构成了学生体育学习策略体系，对提高体育学习的效果具有重要意义。

（二）体育学习策略的构成

根据国内外教育界、心理学界对学习策略的构成所做的研究和取得的成果，结合体育学科学习的要求及其特殊性，体育学习策略主要由以下几种策略构成。

1. 体育学习的认知策略

从信息加工理论的角度来看，体育学习的认知策略是指对体育运动知识、技术进行有效的识别、理解、保持和提取的策略。这种策略又可以具体分为以下几种形式。

（1）注意选择性策略。它是指在体育学习中，学生的注意总是指向与学习目标有关的刺激，并对信息知觉具有选择性。

（2）复述策略。它是指对所学知识或动作技术的信息，如概念等要进行反复默诵、重复练习等。

（3）练习策略。它是指从行为上保存动作技术的策略。

（4）精细加工策略。它是指通过把新学的体育知识、动作技术与已有的知识和技术动作联系起来，以此增加新信息的意义。

2. 体育学习的元认知策略

所谓元认知策略，指的是个体对自己的认知过程和结果以及与之有关的事项的认知，可以说是对认知的认知。元认知是体育学习策略结构性的核心，它的实质可以概括为个体对自己认知活动的自我意识、自我体检和自我控制。元认知的策略又可以具体分为以下几项主要策略。

（1）心理激活策略。学生在面临学习的任务现实和远景价值时有明确的认知，才能在体育学习中激活和维持良好的注意、情绪和动机水平，才会更有效地选择和运用学习方法。因此，要采用心理激活策略，在学生从事体育学习时，激活其学习心理上的觉醒状态，包括学生的注意、情绪和动机等。

（2）制订计划策略。在体育学习过程中，学生进入学习状态后，就要对自己的学习环境、学习目标、自己的个性和学习特点等有一个清醒的认识，进而对自己在体育学习上的强势和弱势进行分析思考，从而找到适合自己的学习内容和学习方法，并为之制订相应的学习计划，列出可能需要的学习和练习方法，这样有利于帮助学生更科学、有效地学好相应的知识。

（3）监视策略。监视策略指的是学生在体育学习过程中，需要不断把自己所采用的学习和练习步骤、学习和练习的方法、手段与习得的结果联系起来进行对照，从而对自己的学习计划、学习和练习的方法、手段等进行检查，与习得的结果联系进来进行对照并进行适当的调整。

（4）调节策略。根据从监视策略所获得的有关信息，对学习计划和方法进行调节，维持或修正体育学习行为，使学习的计划和方法更适合学习的要求，有利于有利预期目标的实现。

3. 体育学习的资源管理策略

（1）体育学习的环境管理策略。在体育学习过程中，学生需要将学习和练习相结合，因此，所谓的学习环境，就是指学生在学习和练习时所处的场所环境。这个环境的好坏将会严重影响他们的学习效果。因此，在进行体育资源管理的时候，一定要考虑到这一要素，为学生提供良好的学习环境和练习场所。

（2）体育学习的时间管理策略。体育学习的时间包括学习的时间和练习的时间，只有合理分配，才能保障良好的作息制度以及高效的学习。因此，制订一个合理的学习时间表对促进学生的体育学习是十分有益的。

（3）体育学习的努力管理策略。这主要指的是当面对学习过程中的种种困难时，学生需要付出自身的意志努力，适应由于练习而产生的身心方面的不适，坚持不懈、自我强化、自我调整，从而优化练习效果。

（4）寻求他人的支持策略。除了自身的努力外，学生还可以适当寻求他人的支持和帮助，包括体育教师、同学、小组帮助等。这一策略也需要学生了解自己的学习情况并清楚自己要达到的目标，从而提高学习效果或改进学习和练习方法等。

4. 体育学习的运动技能形成策略

这一策略又可以具体分为以下三种策略。

（1）认知与定向阶段的练习策略。

（2）联系形成阶段的练习策略。

（3）自动化熟练阶段的练习策略。

（三）体育学习策略的特点

1. 体育学习策略的特点

（1）指向性。体育学习策略的产生和应用，就是为了解决在体育学习过程中各种各样的问题，掌握特定的学习内容提要，达到预定的学习目标，获得理想的学习效果。

（2）调控性。在体育学习活动中，表现为学生能够根据学习的要求，选择适当的解决问题的方法，监控学习活动的过程，不断取得反馈信息，及时调控自己的学习过程，维持或修正解决问题的方法和手段。

（3）操作性。体育学习策略是针对体育学习目标的具体要求而制订的，并具有与之相对应的实施程序和方法，它要转化为学生的具体行动。

（4）灵活性。在体育学习过程中，不存在一个大而全，能解决学习中所有问题的学习策略。同一策略可以解决不同的问题，不同的策略也可以解决相同的学习问题等，应根据不同的学习目标、内容、对象和情景等选用不同的策略。

（5）综合整体性。体育学习策略包括元认知策略、认知策略、运动技能形成策略、体育学习资源管理策略等。这些策略在学生的体育学习过程中是相互联系、相互影响、相互作用的，它们构成了学生体育学习策略体系，这些学习策略的综合运用对提高体育学习的效果具有重要意义。

（四）体育学习策略的指导

体育学习策略的指导一般要注意以下三个方面的内容。

1. 影响体育学习策略获得和运用的内部因素

（1）学生的年龄特征。不同年龄段的学习能力是不同的，其一般规律是随着年龄的增长，学生学习、掌握和运用策略的水平会越来越高。因此，年龄越大，接触到的学习策略越复杂。

（2）学生的智力水平。每个人的智力水平都是不一样的，这就决定了每个人的学习能力也有一定差异。所以，在体育学习过程中，不同的学生因为智力水平的不同，掌握学习策略的能力也有所区别。

（3）学生的动机水平。动机是学生学习的动力，所以学习动机的强弱将会在很大程度上影响学生的学习积极性以及他们的学习成效。

（4）学生已有的体育知识和动作技术基础。

（5）学生的元认知发展水平。前面我们说过，所谓元认知，就是对认知的认知。而学生的元认知水平也是随年龄的增长而增长的。

2. 影响体育学习策略获得和运用的外部条件

外部条件主要指教师因素，如体育教师的策略教学与指导的意识、体育教师的策略教学经验及其教学方法的灵活运用等。

3. 体育学习策略指导应该注意的事项

在进行体育学习策略指导时，应着重注意以下问题。

（1）尊重学生的个别差异。每个人的年龄、性别、体育基础、身体条件、智力水平等都会对其体育学习产生不同程度的影响，因此，在体育学习过程中，教师应该理解和尊重每个学生体现出来的差异，善于根据学生特点有针对性地进行学习策略指导。

（2）为学生提供灵活运用体育学习方法的机会和条件。学习方法是为了解决实际问题，同时，只有通过运用才能发展成学习策略。因此，体育教师应该努力为学生创造运用不同的学习方法的机会和条件，让她们在实践过程中，不断地提高自身的体育学习策略水平。为了实现这一目标，教师可以在教学过程中，设计更多的相关活动，营造相应的学习氛围，激发学生的学习兴趣，提高他们的参与积极性。

（3）激发学生运用体育学习策略进行学习和运用的兴趣。俗话说，兴趣是最好的老师，提高学生的兴趣对提高学生的学习效率具有重要意义。但是在激发学生的学习兴趣之前，教师要通过一系列讲解和引导，让学生清楚地认识到体育学习策略方面的知识，以及这些知识将会在他们将来的学习、生活和工作中产生重要的作用和意义。一旦学生认识到其重要性，那么他们的学习愿望就会大大提高，教师的目的也就达到了。

三、体育学习评价

在进行体育学习评价之前，首先要对其基本理念进行了解。体育学习评价要注意以下几项基本理念。

（1）关注学生的进步与发展。

（2）实现评价主体的多元性。

（3）强调评价内容的全面性和可选择性。

（4）在评价方法的选择上要关注学生的个体差异。

（一）评价的目的

体育学习评价的目的主要可以概括为以下几点。

（1）培养学生正确认识、评价自己与他人的能力，达到自我教育和互相教育的效果。

（2）为学生提供展示自己能力、水平和个性的机会。

（3）判断学生在体育学习中存在的不足。对学生进行评价，就要客观地就其优缺点进行分析探讨，不能只看到好的一面，还要看到其不足的地方，进而加以改进，真正提高学生的学习效率。

（二）评价的内容

体育学习的评价主要包括以下几方面的内容。

1. 知识与技能的评价

所谓的体育知识和技能，主要包括对体育和健康的认识，体育与健康知识和方法的掌握与运用，以及专项运动技能的掌握与运用情况。所以在评价时，主要从这几方面展开，对学生的学习情况进行分析。

2. 体能的评价

学生的体能不是一成不变的，例如，年龄的增长会很大程度上影响学生的体能水平。当然，除了年龄，学生的体能、兴趣、爱好、特长等都是影响其体能水平的重要因素，因此，对不同学生的体能水平进行评价的时候，不能“一视同仁”，而要根据每个人不同的情况，他们不同的发展目标和学习内容，选择相应的体能测试项目。

3. 健康行为的评价

判断学生的行为是否健康，一般是有一定的参考标准的。例如，是否有不良生活习惯，是否学会制订并遵守合理的作息制度，是否注意个人的卫生，是否为维护公共卫生而努力等。如果生活习惯良好、拥有合理的作息制度，卫生情况良好，一般可以说明该学生的行为是比较健康的。

4. 学习态度的评价

学生的学习态度如何也是具有一系列的参考标准的。例如，能否主动地参与体育活动；能否运用所学知识和技能参与体育活动；能否积极主动地思考，为达到目标而反复练习；能否积极投入健康教育活动等都将成为他们的重要评价依据。

（三）体育学习评价方法的实施

1. 定性评价与定量评价相结合

定量的评价方法往往只能针对能够通过计时、计量进行测量与评价的外显性行为，比较适合对学生的体能和运动技能做出评价，对于学生的体育学习态度、锻炼习惯、意志品质、自信心和自尊心等则很难采用计时、计量的方法，只能用定性的分析方法来进行评价。

2. 终结性评价与过程性评价相结合

终结性评价是在体育教学活动结束时进行的一次性评价，如期末的考核、考试等。过程性评价则是在教学过程中，为使学习效果更好而对学生学习的各个方面不断进行评价，它有助于及时了解学生学习的进展情况、存在的问题，以便及时反馈和有效调整教学过程，促使学生有效学习，不断进步。

3. 定期评价与经常性评价相结合

定期性评价是指如以教研室为单位组织的集体听、评价活动以及定期的常规检查等。经常性评价是指以教师个体为单位进行的经常性活动，再配之以日常的评价，就可以使教学评价成为整个教学活动的有机组成部分。

4. 绝对性评价与个体差异性评价相结合

在评定学生体育学习成绩时，常运用对社会参照标准进行加减的评定方法进行评价，同时也充分考虑学生态度和行为的进步与发展。采用个体差异性标准评价，有助于学生看到自己努力后所取得的进步，从而建立学习的自信心和自尊心。

（四）体育学习评价的形式

1. 学生自评和互评

通过学生自评和互评，能有效增强学生的主体意识。

2. 教师评价

体育教师依据学生的学习目标达成度、行为表现和进步幅度等，参照学生自我评价和相互评价的情况，对学生的体能、知识与技能、学习态度、情意表现与合作精神、健康行为等五个方面的学习成绩进行综合评价，以保证体育学习评价结果的公正性。

第四节　学校体育课程资源

随着社会与教育进程的不断发展，相关的专业人员越来越发现课程资源的重要性，如果没有课程资源作为支持，课程改革的设想几乎就是空中楼阁，这也就意味着很难达到预设的教育成果，因此课程目标的实现水平很大程度上取决于课程资源的丰富程度，这也就是为什么在最新的基础教育课程改革中，人们将课程资源的开发与利用作为非常重要的一个课题。

课程资源的重要程度同样适合体育课程，由于体育课程需要一定的设备设施，这就在很大程度上决定了体育课程的资源开发限度，最明显的差别就是城乡差别或不同地区的差别，而这种差别有时候很难获得统一，因此，要想达到预定的体育课程教学目标，就要充分对当地的课程资源进行开发，与此同时，在体育课程资源开发的过程当中，开发人员要充分认识到体育课程资源开发的性质、作用和原则，这也是体育课程资源开发的一个关键，同时也是相关从业人员亟待解决的问题。

一、体育课程资源开发的原则

体育课程资源的开发需要遵循一定的原则，这里我们列举了三种比较主要的原则，具体内容如下。

（一）兴趣性原则

兴趣是学生学习的最好老师，同时也是他们学习的初始动机，是有效学习的保证，学生的兴趣直接影响着学生的学习行为和效果。如果学生对一门课程没有兴趣，那么无论教师教得多好，学生也学不进去，难以获得良好的学习效果。因此，对于体育与健康新课程来说，“激发和保持学生的运动兴趣”是其重要的理念之一。

学生对什么样的事物感兴趣会受到年龄、性别、心理、生理等多方面因素的影响，就拿体育学习来说，对同样一种体育课程资源，不同阶段的学生的喜好和利用程度也不一样。所以，盲目地迎合学生的兴趣并不能促进体育教学的良好发展，在开发和利用资源的时候，要对学生的年龄、省力、心理、爱好、接受能力等进行全方位考量。

（二）发展性原则

所谓发展性原则，就是说要促使学生在不断的学习过程中，能实现能力的积累和提高。所以，在开发和利用教学资源的时候，要考虑到学生的学习、生活以及未来的工作等实践，从而促进其身体活动能力、运动技能以及实践能力的提高。

（三）健康性原则

在当前社会中，人们越来越重视身体健康，我们可以看到，无论哪个年龄阶段，越来越多的人逐渐加入体育运动的行列当中。对于学校体育课程来说，“健康第一”是新课标下体育与健康课程的重要指导思想。整个课程的设计是根据身体、心理、社会适应的整体健康观来进行的，健康性是课程的主线。因此，在开发与利用体育课程资源时，既要充分考虑开发与利用的课程资源对学生身体健康的作用，还要思考资源对学生心理健康、社会适应的作用。同时，安全问题也是开发与利用体育资源必须认真考虑的内容。

二、体育课程资源开发的内容

体育课程的设置涉及方方面面的内容，需要对多种资源进行收集和开发，从而促进体育课程的有效实施。这些具体的资源包括自然地理资源、体育信息资源、人力资源、课内资源和课外资源等多种形式，其具体的开发和利用情况如下。

（一）课程内容资源的开发与利用

1. 简化和改造传统的竞技运动教材

传统的运动教材毕竟在一定程度上对当时的体育教育起到过重要作用，因此，我们不能完全否定。但是我们不仅要继承其合理的部分，更要在继承的基础上改造和创新教学内容，结合时代特点，从整体健康角度出发，创造出新的适应学生生理、心理特点的教学内容、要求和方法，使之更好地发挥效能。

2. 发掘有地方特色运动的教材

在课题研究中，将地方特色运动分成两类：一类是前人已有的、而现在却被湮没或基本失传的项目，在实践中发掘、整理使之重现的运动，如滚铁环、打陀螺、拍毽子等；另一类是具有民风、民俗的特征性活动内容，如竹竿活动、胶圈活动等，从中筛选出具有典型的地方特色并符合学生特点的活动内容，进行教学实践研究。

3. 开发来自学生生活的教材

选择和处理教材内容不仅是教师的事情，而且也是学生的事情，学生才是学习的主体，他们的“动”与“不动”是课堂的核心。新课程要求以学生的发展为中心，再次强调了学生的主体地位。因此，从学生生活中开发教材，就能真正贴合学生的学习和生活，在教学内容的版块中给学生以发挥、畅想的空间。

4. 引进流行时尚的教材

时代在不断发展和变化，因此，现代教育也要结合时代特点，不断引进新的教学内容。在新课程教学中，要根据学生年龄和身心的发展特征引入流行时尚的教材，如定向运动、拓展运动、搏击、柔道、街舞、女子防身术等内容，以达到提高学生心理健康水平和社会适应能力的目标。

5. 自编、自创教材

就新课程的教学内容来说，典型的特点就是具有较大的不确切性，这一点对于现代体育教学来说，可以说是有利有弊。虽然不可否定地是它给教师的教学带来了一定的困难，但同时也给了教师广阔的创新空间。在课题研究中，要引导教师从学生身心特点、场地器材、教学实际出发，自编、自创教材，创造性地实践新课程。例如，在实践中进行体育故事、谜语、游戏、小器材的自编、自创等。

（二）课外和校外体育资源的开发与利用

要想实现体育教育的创新和发展，仅仅依靠校内有限的资源是不行的，必须结合课外和校外的体育资源，丰富教学内容。实际上校外体育资源也是十分丰富的，如家庭爬山、打球、亲子活动、社区竞赛、青少年活动中心培训、少体校训练、体育俱乐部、兴趣班活动以及各种节假日的体育活动和竞赛等。

（三）自然地理资源的开发与利用

我国幅员辽阔，地域宽广，地形、地貌千姿百态，季节气候气象万千，蕴藏着丰富的课程资源，应重视开发和利用。比如，阳光、空气、水和山（春、秋游、远足、爬山、散步、定向活动、无线电测向运动、自行车慢骑、游戏、日光浴、游泳、打雪仗、滚雪球、堆雪人等）。

（四）体育信息资源的开发与利用

21世纪是一个信息化的时代，各种信息资源极大地丰富了人们的生活。因此，在当今世界，为了不断充实和更新课程内容，提升专业素养，要充分利用各种信息资源获取体育信息。体育信息资源的开发和利用包括创设校内广播、黑板报、挂图、比赛、体育小报、体育作文等载体，增强体育校园文化的建设。

（五）人力资源的开发与利用

开发和利用校内领导、班主任、体育教师、卫生老师、任课教师、学生以及校外家长、教练、社会体育爱好者的自身优势和体育特长，创设平台，引导他们参与学校体育活动。

三、体育课程资源开发的作用

（一）促进学生的发展

学生在教育教学过程中是重要的主体，教育教学的最终目标也是希望促进学生的全面发展。因此，在进行体育课程资源开发的时候，应该将促进学生的成长与发展作为核心思想，不断拓宽资源开发的方向，提高资源利用率。

体育课程资源开发在促进学生发展方面具有以下作用。

（1）体育课程资源的不断丰富和发展，可以有效提高学生的学习积极性，从而加强他们的实践能力和创新能力，充分发挥他们在学习过程中的主体地位，从而加快现行体育课堂教学的改革。

（2）体育课程资源的多元化可以使学生的学习和创造过程更加有趣和丰富，学生可以在更具开放性和共享性的环境下锻炼自己的创造能力。与此同时，在这个过程中，教师和学生的互动也更多了，他们在合作、互协的过程中发展民主、平等的意识和观念。教师与学生也不再是传统的主客或主动与被动的关系，教学过程也不再采用教师灌输，学生吸收的模式，教师与学生在更加平等、更加有趣的教学过程中不断提高和发展自身的能力。

（二）促进体育教师素质的提高

体育课程资源的开发和利用对体育教师的教学视野、教学水平起到了极大的促进、推动，甚至是挑战的作用。体育课程资源的开发和利用在很大程度上引入学生需要、学生实践等内容，可以最大限度地满足青少年的多方面需求，促进青少年人格、个性、身体、心理、社会适应的健康完善，这也必将使体育教师在教学中的指导性地位更加突出，从而要求体育教师必须不断进行学习。体育教师不仅要学习体育与健康课程理念，领会新课标精神，还要能在教学工作实践新课标；不仅要掌握主动技能，还要钻研针对运动技能采用何种教学技能；不仅要了解多种运动项目的性质特点，还要能创造性改编、创造运动方法。通过这一系列的学习和实践，体育教师的素质必然会不断提高。

四、体育设施的开发及体育学习的资源管理

（一）体育设施的开发和利用

在课题实践中，开发校内外体育设施（球场、空地、教室、公园、健身乐园、卧室、走廊、过道等），利用体育器材的特点，发挥其多功能作用，为实现教学目标服务。

1．常规设施

操场、跑道、篮球架、足球门、单杠、双杠、天梯、滑梯、爬竿、领操台、乒乓球台等。

2．常用器材

篮球、排球、足球、乒乓球、垒球、实心球、体操垫、体操棒、跨栏架、短绳、橡皮筋、毽子、小哑铃、小沙包、小旗、塑料圈等。

3．自制、代用器材

胶圈、胶棒、纸球、纸棒、纸制器材、饮料瓶、易拉罐、泡沫拼花地板、小木夹、彩带、双色帽、课桌凳、家庭生活用品（小桶、小凳等）。

（二）体育学习的资源管理策略

1．体育学习的环境管理策略

在体育学习过程中，学生需要将学习和练习相结合，因此，所谓的学习环境，就是指学生在学习和练习时所处的场所环境。这个环境的好坏将会严重影响他们的学习效果。因此，在进行体育资源管理的时候，一定要考虑到这一要素，为学生提供良好的学习环境和练习场所。

2．体育学习的时间管理策略

体育学习的时间包括学习的时间和练习的时间，只有合理分配，才能保障良好的作息制度以及高效的学习。因此，制订一个合理的学习时间表对促进学生的体育学习是十分有益的。

3. 体育学习的努力管理策略

这主要指的是当面对学习过程中的种种困难时，学生需要付出自身的意志努力，适应由于练习而产生的身心方面的不适，坚持不懈、自我强化、自我调整，从而优化练习效果。

4. 寻求他人的支持策略

除了自身的努力外，学生还可以适当寻求他人的支持和帮助，包括体育教师、同学、小组帮助等。这一策略也需要学生了解自己的学习情况并清楚自己要达到的目标，从而提高学习效果或改进学习和练习方法等。

5. 体育学习的运动技能形成策略

这一策略又可以具体分为以下三种策略。

(1) 认知与定向阶段的练习策略。

(2) 联系形成阶段的练习策略。

(3) 自动化熟练阶段的练习策略。

五、新课标下体育课程资源开发的关键是教师资源开发

体育与健康学科是一门综合程度极高的学科，它要求体育教师具有丰富的体育专业知识和相关学科的知识，能够在学生面前展现一种独特的人格魅力，这对教学效果是一种潜移默化的影响。随着新课程基础教育改革的实施，需要体育教师在完善自身学科知识的同时必须掌握相关的教育理论和学科知识，如教育学原理、心理学、社会学、运动保健学、运动生理学等多方面的知识。“没有一流的教师，就没有一流的教育”，学生的发展必须依靠训练有素的专业教师，即使信息技术、网络技术再发达，体育场地设施设备再先进，都不能取代体育教师绝对首要的地位。因此，在新课标下进行体育课程资源的开发与利用，要牢牢把握住体育教师资源开发这一关键。

第四章　学校体育教学研究

应该说，在教学体系中，体育教学是非常重要的一个环节。通过体育教学，不仅让学生掌握保证身体健康的有效途径，还能让学生不管是身体上还是心理上都能保证一定的积极性，为促进学生全面发展打下坚实基础。本章，我们就学校体育教学研究进行详细阐述。

第一节　学校体育教学的内容与方法

一、体育教学内容的概念

应该说，在体育课程的内容组成方面，一个非常重要的有机部分就是体育教学内容。

体育教学内容是体育教学中传授给学生的体育知识与技术、技能的总称[1]。在体育教学目标的实现过程当中，体育教学内容就是最主要也是最基础的条件，对于体育教师和学生来说，要想顺利开展体育教学活动，最重要的依据也是体育教学内容。它包括身体练习及体育基本知识两大类，主要内容是体育知识、体育卫生保健知识和各种身体练习。

二、规定体育教学内容的文件

体育与健康课程标准或课程指导纲要（高校）、体育教材和课本。

[1] 体育教学内容是体育课程内容的一个有机组成部分，是指那些以体育教育为目的，以身体练习、运动技能学习和教学比赛为形式，经过组织加工后可以在教学环境下进行的内容的总称。

三、体育教学内容的表现形式

国家颁布的各级各类学校的《体育与健康课程》标准与体育教材和体育教学参考资料。

四、体育教学内容的特点

（一）身体运动性

体育教学内容以有关身体运动的学习和身体运动技能的形成为主要目标，在运动中体会肌肉本体感觉的形成与动作记忆，从而获取知识，提高机能和运动能力。

因此，在数目繁多的体育运动项目中，必须遵循身体运动这一特性来进行教学内容资源的开发与选用。

（二）健身性

健身性是指在练习过程中，身体必然要承受一定的负荷，从而促进和改善人体的新陈代谢。只要方法科学、合理，体育锻炼对促进人体健康的作用是其他课程无法替代的。针对不同的具体内容，体育教学内容的健身性特点又表现出“一项多能”和“多项一能”的特性，即通过一个项目可以达到多种目的。例如，可以利用篮球来表演、健身、娱乐或作为职业等；想发展上肢力量，可以掷手榴弹、投小垒球、做俯卧撑、推杠铃等。体育教学内容的相互替代性，是体育课堂丰富多彩、满足不同学生的体育需求以及构建三级课程体系的重要依据。

（三）娱乐性

首先，人类几千年来创造出的体育运动项目，大多是从各种各样的运动性游戏发展变化而来的，而游戏自身就具有趣味性和娱乐性；其次，每一个运动项目都有各自独特的乐趣。在体育项目当中，有激烈直接对抗的运动，如篮球、足球等，这些运动在激烈对抗的过程中还要求运动员能充分运用训练过程中的技战术以及队员之间的配合和团结；同时也存在虽然没有双方队员激烈对抗但需要队员之间巧妙配合的隔网运动如排球；也有对身体控制能力的体育如体操等，该项运动的乐趣就是利用自己身体的柔韧性，通过一定的操作在具有美感的基础上，完成一系列具有难度的体操动作，并体会错位和晕眩带来的乐趣；目标类运动（保龄球、飞镖、台球等）的乐趣在于通过长时间锻炼，达到操作的稳定性，并用实践中的精确结果来验证自己的预想能力，从中获得快感和自信等。

（四）非阶梯性

体育教学内容由于数量极大，内容很庞杂，所以很难归类。这些内容往往又都是平行和并列的关系，如篮球、排球、体操、武术等，他们看似有某种联系，但又看不清是什么样的联系，更说不清这些教材应谁先谁后，谁是基础谁是提高。

五、选编体育教学内容的原则

（1）教育性原则（用教育的观点审视现有的体育素材）：该项原则主要是从育人的角度出发，使培育出来的人才满足社会的需要；在体育教育的过程中，要将社会主义的方向体现出来，培养学生的体育习惯；在此基础上还要对学生进行积极的文化素质培养，除具备爱国主义情怀之外，还要具备创新和进取的精神。

（2）实用性与趣味性相结合的原则。

（3）符合学生生理和心理发展特点的原则（根据不同的教学目标选择有效的运动项目）。

（4）理论与实践相结合的原则。

（5）统一性与灵活性相结合的原则（可行性：应考虑地域、气候和场地器材等条件的制约）。

（6）教材内容和《大中小学生体质健康》相结合的原则。

六、体育教学内容选择的基本要求

（一）基础性

所谓的基础性，就是针对公民不仅仅是体育相关专业的学生，只有掌握与体育相关的基本知识、技能和能力，才能为之后的体育锻炼奠定基础。

（二）实用性

在体育锻炼的过程当中，在锻炼内容的选择上一定要根据自己的具体条件，也就是实用性。在选择练习项目的时候通常选择那些有一定身体素质基础又广受群众喜爱，在具有一定普及性的基础上效果良好的健身娱乐项目为主。

（三）兴趣性

要充分考虑学生的兴趣、需求和能力的实际，使学生能够体验到成功体育的乐趣，并有利于学生体育学习兴趣的发展。

（四）科学性

要符合不同学段的学生身心发展特点，有效地促进学生的身心健康，并考虑学生的个体差异性。

七、体育教学方法的选择

体育教学方法的选择要根据体育教学目标、教材内容的特点、学生的实际情况以及教师的条件等因素来确定。

八、体育教学通用方法

体育教学通用方法是以体育教学的教师教学过程为主要依据的。包括语言法、直观法、完整法、分解法四个方面的内容。

（一）语言法

语言法是指在体育教学中，教师使用语言的各种形式对学生进行体育指导的方法。

语言法的优势是传递信息面广，同时面向多个对象。换言之，既可一对一、也可以一对多进行有关信息的传递，也可采用多对一、多对多的方式进行有关方面信息的进一步传递。

正确运用语言法往往不但可以对学生方面的一系列思维进行一定程度的启发，促其形成相对来说比较正确的认知，培养其分析问题与解决问题方面的有关能力；还可以激发学生关于进行学习方面进一步锻炼的积极性，并课堂环境气氛变得更加活跃，师生关系变得更加融洽。

一般情况下，体育教学的语言法主要包括以下几个方面的内容，它们主要包括讲解方面、口头命令方面、口头指示方面、口头评价方面、口头汇报方面、默念方面、自我暗示方面等几个方面的内容。

（二）直观法

直观法是指由教师演示，学生直接通过自身感官（视觉、听觉等）感知动作的方法。

一般情况下，体育教学的直观法包括以下六点：动作示范、直观教具与模型演示、采用多媒体技术、助力与阻力、定向、领先等。

（三）完整法

完整法是指教师从开始到结束完整地传授给学生某种动作的方法。

通常情况下，完整法对协调性要求较低，其对象动作结构简单、方向线路变化较小，即使有动作比较复杂，其各个部分之间的联系也会非常密切。以下是完整法的四种常用方式：（1）直接运用；（2）强调重点；（3）降低难度；（4）改变练习的外部条件。

（四）分解法

分解法是用来与完整法作对比的，是教师将开始至结束的完整动作技术划分成几个部分逐个教授给学生的方法。

九、体育教学现代方法

体育教学现代方法是以体育教学的学生学习方式为依据的。包括自主学习法、探究式学习法、发现式教学法、合作学习法四个方面的内容。下面进行具体阐述。

（一）自主学习法

自主学习法是学生在教师指导下根据自身条件和需要自定学习要求的学习方法。具有能动性、独立性和创造性的特点。

自主学习法的意义有以下两点。

（1）有利于确立学生的主体地位，激发器学习体育的热情，培养其体育学习能力。

（2）有利于提高体育教学的学习效果。

（二）探究式学习法

探究式学习法是学生在教师的引导下独立地表达、交流、搜集与处理信息，并获得各种知识、技能，各种能力得到锻炼的学习方式。具有问题性、实践性、参与性、开放性的特点。

探究式学习法的一般步骤如下。

（1）提出问题。

（2）分组讨论。

（3）验证方案。

（4）评价与提高。

探究式学习法的注意事项如下。

（1）合理设置问题。

（2）鼓励学生积极探究。

（3）充分发挥小组的集体智慧。

（4）注意运动技能的学习。

此外，还有发现式教学法（又称问题法，是指学生在好奇的基础上通过“再发现”进行学习的一种教学方法）和合作式教学法（合作学习法表示的往往是学生方面在小组或团队中，为了实现某一特定的任务，有明确的责任方面一系列分工的互助性学习的形式）。

第二节　学校体育教学的组织与管理

一、体育教学的组织形式

在体育与健康课程的教学过程中，“班级教学”仍然是主要的教学组织形式。

（一）概念

体育教学组织形式是指为了实现课的教学目标，根据教材的内容特点、学生具体情况以及教学环境而合理采用的教学方式。

科学、合理、易行、实用的教学组织形式是发挥教师的主导作用和学生的主观能动性、提高教与学双边活动效果的组织保证。因此，正确选定和合理运用教学组织形式是显著提高教学的效果与质量的关键。

（二）形式

1. 班级的教学组织形式

（1）自然班教学组织形式

教学过程中的这种组织形式主要是以男女混合的自然班为教学单位，它是以自然教学班为单位的教学组织形式，即男女混合班上课。这种教学组织形式的优点非常明显，对学生有一定的了解，体育教学的形式相对比较固定，方便老师组织教学活动。但是这种组织形式的缺点也是非常突出的，那就是由于学生之间的素质以及男女性别之间的天然差别会对体育教学造成一定的困扰，由于教学形式已经固定，很难进行个性化和针对性教学。

（2）合班分组教学形式

这种教学形式就是将同一年级的学生根据已经订好的条件进行重新分组、分班，有相应的体育教师对这些班级或小组进行分别教学。

通常情况下，分组的方式有按性别、按体育技能水平、按体质健康水平、按专项技能或爱好等多种。

这种教学形式的优点就是能够因人而异的制订不同的教学目标，根据学生的具体条件选择适当的教学内容，合理调整负荷，能够引起学生学习的兴趣并增加学生体育锻炼的积极性和自觉性，但这种教学方式的缺点也是非常明显的，那就是在课程安排方面的难得大大增加，对教师的要求也有所提高，需要足够的教师人数，对学校的硬件设施也有较高的要求。

2. 课内教学组织形式

第一，整体教学。所谓整体教学就是将整个班级作为一个整体，教师作为整体的主导来对学生的行为进行规范，从而在有秩序的情况下完成既定的教学目标，还能在教学的过程中锻炼学生的团结。通过对课上与课后效果的分析我们将这种教学的优点与确定进行了总结：其优点是教师不用单独照顾个别学生，而缺点则与有点对应——只能追求整体的效果，忽略的个别学生，可能会有一两个学生跟不上整体的节奏。

第二，分散教学。这里我们所说的分散教学只要是与第一点中的整体教学对应来命名的。所谓分散教学就是将上文中所说的班级整体划分为不同的组别来分别进行教学，每个组别的学生科根据学生现有的水平、学生的素质差异来分组（当然，标准还有很多，教师可以根据班级学生的实际情况来划分组别）。

对于分散教学来说，有两种方法可以在实际教学中采用，第一种是分组并轮换教学。从字面意义上便能看出“分组”的意思是将班级内的学生进行分组，但这种分组不是没有根据的，其依据就是教材，根据教材的不同内容对学生进行分组，这种教学方式能够解决学生过多而器材不够用的问题，缺点是不能让学生按照循序渐进的原则进行训练。

上文说的第一种方法是分组并轮换，第二种方法即不轮换。这种教学方式与第一种方法相比较来说，学生能够逐步按照教材的顺序来进行训练，缺点即全班学生的训练重点都类似，没有训练重点，如果学校的器材总量够多可以采用这种方式进行教学。

3. 分组教学

(1) 同质分组

这种分组方式主要是以学生的体能和运动水平作为分组或分班的标准，而不是像传统的教学那样将若干个不同水平的学生集中到一个班级进行训练，通过这种方式分成的训练组或班级，所分配的老师、所学的内容和接受训练的程度也会有一定程度的不同。

(2) 异质分组

这种分组或分班的方式与上面的分组或分班方式完全不同，该分组方式是尽可能将班级或小组内学生的素质差异扩大，小组间基本同质，实现小组内学生互帮互学的组织形态。

二、体育教学管理内容

通常情况下，体育教学管理的内容包括三个方面：体育教学计划管理、体育教学课堂管理和体育教学质量评估管理。

（一）体育教学计划管理

体育教学计划是指体育教师在国家对学校体育相关规定和要求的背景下，结合所在学校的实际情况和教学需要制订的教学工作文件。它是对体育教学活动的构思和设计，也是检查、评估教学质量的重要依据。

体育教学计划管理主要包括以下四个方面。

(1) 对制订体育教学计划的全面、综合管理。

(2) 对体育教学计划实施的组织、监督和调控。

(3) 对体育教学各种资源的规划和调配。

(4) 对体育教学计划执行程度和实施效果的监测和评估。

（二）体育教学课堂管理

体育教学课堂管理是与体育教学课堂相关的管理活动的总称。我们把它简单划分为体育教学课前管理，体育教学课中管理和体育教学课后管理。

1. 体育教学课前管理

体育教师教学前要做好充分的准备工作，具体包括以下三个方面。

（1）充分了解所任教班级学生的实际情况，如学生人数、男女生比例、运动基础及对运动的认知、健康状况、兴趣爱好、组织纪律性等，同时也要考虑教材特点和场地器材条件与环境等。

（2）认真学习和领会体育课程标准的核心思想和具体要求，仔细深入地研究教材，分析教材的重点、难点和关键，并结合学生的具体情况、自己的教法特点和学校的教学条件，确定教学的重点和难点，合理安排教学内容、教学步骤、教法措施等。

（3）做好教案的编写工作，它是体育教师课前准备的一项关键工作，也是提高体育教师业务能力、教学水平和积累教学经验的一项有效措施。在深入了解学生的情况和钻研教材与教法的基础上，教师可着手进行教案的编写。编写应简明、扼要、翔实，符合实际、突出教学重点和教学特色，各部分衔接紧密，教法科学、新颖、全面、有效，运动负荷安排适宜，安全预防措施全面、准确。

2. 体育教学课中管理

一般来说，我们认为体育教学不是一种封闭性的教育活动，其具有开放性特征。在体育教学课堂中，教学活动不仅受到学生和教师本人的影响，也受环境、设施的影响，影响因素较多、较复杂，其整个活动甚至存在一定的安全隐患，因而更需要通过各种合理、安全、有效的组织形式来加强对课堂教学的管理。

体育教学的课堂组织形式是体育教学的课中管理的一种。体育教学的课堂组织形式主要有三种，即分班教学、个别教学、分组教学。其中分组教学又可分为同质分组、异质分组和友情分组。每一个教学组织形式都有其特定的适用条件。不过，由于各种因素的限制和影响，我国学校体育教学的组织形式仍以分班教学为基本形式，但它也正在朝着多样化、综合化和个性化的方向发展。

（1）分班教学

分班教学又称班级授课制，是学校体育教学组织的基本形式。

教师可根据不同年级采用不同的分班方法，如以不同行政班为单位进行教学（适用于小学和初中低年级）、以不同性别为单位进行教学（适用于初中高年级和高中阶段）。它能提高单位时间的教学效率，较好地体现教师的主导作用，有利于体育教师对课堂教学进行组织与管理。虽然班级教学注重了效率，但在实施过程中教师对学生的统一性要求比较明显，不仅难以体现对个体差异性的因材施教、区别对待，也不能较好地发展学生的个性、运动潜能。

（2）个别教学

通常情况下我们认为，体育教学中的个别教学是指体育教师对学生实施的“一对一”教育。

这种教学形式能很好地认识和把握学生之间存在的个体差异，可以根据每个学生的个人能力和特点进行针对性的教学指导，使学生的最大潜能能有机会得到充分发挥，切实做到区别对待、因材施教，有益于提高每个学生的学习效率。但由于其在实施过程中需要耗费大量的人力和教学时间，容易导致教学效率低下，也易使学生对教师的依赖性增加，与我国现今的基本教育状况不是很符合，成本较高，也提高了体育教学的困难。

3. 体育教学课后管理

在体育教学结束时教师应结合整个活动内容及过程对本次教学工作做一次小结，如回顾总结本次教学任务的完成情况、课堂中学生的学习情况和态度、有没有出现不良现象以及值得表扬的人和事等，并提出改进方法和要求。

另外，要及时记录学生的行为表现。教师自己也要积极组织学生归还器材、清理场地，进行自我评价，并积极听取他人意见等。

（三）体育教学质量评估管理

体育教学质量评估管理包括体育课程管理、体育教材管理和体育教学成绩考核管理。

1. 体育教学课程管理

体育课程体现着体育教学的目标与价值，伴随着教育事业和体育事业不断地发展，体育课程也得到长足的进步、完善和发展。

2001 年 6 月教育部颁布的《基础教育课程改革纲要（试行）》指出：

“改变课程过于集中的状况，实行国家、地方、学校三级课程管理，增强课程对地方、学校及学生的适应性。”

2. 体育教学教材管理

作为体育课程的内容载体和表现，体育教材能集中反映国家对体育教学的要求和体育教学的目的目标。在体育课程三级管理体制的影响下，体育教材的多样化及编制的灵活性和个性化特征日益突出。

《基础教育课程改革纲要（试行）》规定：“完善基础教育教材管理制度，实现教材的高质量与多样化。实行国家基本要求指导下的教材多样化政策，鼓励有关机构、出版部门等依据国家课程标准组织编写中小学教材。”并指出：“加强对教材使用的管理。教育行政部门定期向学校和社会公布经审查通过的中小学教材目录，并逐步建立教材评价制度和在教育行政部门及专家指导下的教材选用制度。”

在编制和选择体育教材时还应遵循教育性、健康性、娱乐性等原则，其内容应符合本学科的特殊性及实施要求，重视对学生体育学习和运动实践的启发和指导，与学生的身心发育特征和全面健康发展要求相适应，利于学生学会学习，形成终身体育。

3. 体育教学成绩考核管理

体育教学成绩考核管理主要包括对教师教学成绩考核管理和学生学习的成绩考核管理，它们一般可以由体育教研室、体育教师和学生进行评价和成绩管理。

（1）体育教研室对成绩考核的管理

体育教研室应根据体育教学计划和《课程标准》的规定，结合教师与学生的实际情况确定具体的考核内容、标准和评分方法，审订体育教师上报的考核实施计划和方案，对考核成绩进行审核和汇总、分析，建立成绩档案，及时上报学校教育主管部门。

（2）体育教师对成绩考核的管理

体育教师既是体育教学成绩考核的制订者，也是具体的实施者。

体育教师应按照学校和体育教研室教学工作计划，认真组织各年级、各班的体育教学成绩考核，制订详细、具体的考核办法和要求，并熟悉考核工作程序、方法和标准，以客观、公平、认真、严谨的态度进行测评，做好成绩登记和分析，建立自我教学成绩考核档案，及时发现在自己的教学和学生的学习过程中的问题和矛盾，认真总结，并拟定改进措施、计划和方法，并按规定将考核成绩上报体育教研室或其他部门。

（3）学生对成绩考核的管理

随着体育教学评价主体多元化的发展，学生也逐渐成为体育教学成绩考核的实施者，其主要责任是对体育教研室的组织与管理工作、体育教师的教学及自身的体育学习进行监督和评价。

学生应根据相关的评价标准和方法对其职责范围内的各项活动进行综合性、即时性的定性与定量评价，及时将评价结果反馈给体育教研室或体育教师、班主任。同时也根据他人评价结果及自我主观感受全面、真实地分析自己在学习过程中的主要问题和不足，建立学习档案，对自己的学习方法及下一阶段的学习目标进行调整和完善，也培养了自我监督、自我管理和自我评价的能力。但在此之前，体育教研室和体育教师应组织学生学习体育教学成绩考核的相关规定和要求，端正评价态度，并在实践中掌握和熟悉考核的步骤和方法之后，方能让学生参与具体的体育教学成绩评价和管理活动。

三、体育教学管理实施

体育教学管理的实施是进行体育教学管理的直接体现。

一般来说我们把它分为体育教学管理实施主体、体育教学管理实施原则与方法。

（一）体育教学管理实施主体

从宏观、微观的角度分别来看体育教学管理的实施主体：体育教学宏观管理部门包括各级教育部门和体育有关部门；体育教学微观管理部门包括学校体育教学主管领导，各级学校教导处、体育教研室、体育教师。

1. 体育教学宏观管理部门

它主要是指各级教育部门和体育有关部门。

在我国，对体育教学具有最高领导权的机构是中华人民共和国教育部，其次是国家体育总局，两者有关部门的协调配合对体育教学发挥着领导作用。

其中，在教育部下设了体育卫生与艺术司，主要负责对全国各级学校的体育教学、卫生、艺术工作进行宏观管理。国家体育总局群众体育司下设的青少年体育处则能对全国学校学生的业余体育训练、竞赛和体育后备人才的培养施行管理和安排。在地方，各省、市、自治区、直辖市、县教育行政部门均设置体育卫生工作管理机构及专门的管理人员和工作制度。

2. 体育教学微观管理部门

（1）学校体育教学主管领导

根据国家相关要求，学校体育工作必须列入学校工作计划当中，各级各类学校的体育教学工作都应由校长或一名副校长主管，其主要职责有以下五个方面。

①按照上级主管部门的要求以及学校实际情况，制订学校体育工作的目标和要求，并决定重大的体育教学活动。

②加强宣传，切实保证学校体育各项活动的有序、正常和科学开展。

③协调学校体育与学校其他教育工作的关系，明确学校体育的工作职责和地位，并形成相互促进、相互监督的整体工作机制。

④指导制订各种具体的学校体育工作计划和规章制度，加强对体育场地设施建设和各项体育经费使用的科学、合理规划。

⑤重视体育教师队伍的建设。

（2）各级学校教导处

教导处对全校各学科的教学工作和全校教学工作的整体安排具有一定的管理和监察职能，它对体育教学的管理具体表现为以下三个方面。

①配备和加强体育师资力量。

②对体育（与健康）课程和课外体育活动的开展时间进行统筹安排。

③检查、监督并敦促日常学校体育工作。

（3）体育教研室

体育教研室承担着体育教学的办公、后勤工作。其主要职责有以下八个方面。

①根据国家和上级教育和体育主管部门的要求，以及学校工作计划和发展需要，制订切合实际的各项学校体育工作计划和规章制度。

②对各种具体的教学工作计划进行审批、监督和检查。

③组织学校的早操、课间操和课外体育活动，结合实际组织开展各种课余训练和比赛。

④组织教师集体学习和研究体育教材、教法、教学组织管理、教学评价等，加强教学研究活动和学术研讨交流，提高教师的专业素质和科研能力。

⑤协助学校相关部门做好学生定期身体健康测试工作，积极推行《学生体质健康标准》。

⑥协助做好体育场馆和器材以及教学设备的购置、维护、使用、保管和维修工作，对体育经费的使用做到透明、公开、合理。

⑦加强对体育教师的政治教育和业务培养，以及对体育骨干教师的选拔和培养。

⑧与学校教务、人事等部门配合，制订合理的体育教师配备计划，并对体育教师进行公正、客观和准确的考核。

（4）体育教师

体育教师作为体育教学的核心，对体育教学实施管理的职责主要有以下六个方面。

①根据学校的工作计划及教研室工作计划，制订各项具体教学活动计划，并报教研室审核。

②学习和领会《课程标准》，认真钻研教材，充分做好上课准备，不断研究和改进教法，并及时做出课后总结，提高教学水平和质量。

③切实组织好课外体育活动，认真实施《国家体育锻炼标准》，并积极做好运动训练和竞赛工作。

④协助校医进行学生体质测试工作，并对学生综合体质进行及时、准确的评价和分析。

⑤做好体育宣传工作，积极培养体育骨干，充分发挥他们的榜样性和典型性。

⑥加强教学科研能力，积极从事体育教学学术研究活动。

（二）体育教学管理实施原则与方法

体育教学管理的实施原则与方法是体育教学管理相关规定和办法的集中体现。

1．体育教学管理实施原则

体育教学管理的实施原则包括系统性原则、针对性原则、计划性原则、科学性原则和灵活性原则五个方面。

（1）系统性原则

体育教学管理所针对的是体育教学过程中的各个环节，它从宏观上对体育教学的开展情况及发展方向做出了规定。

体育教学管理不仅是教育管理工作体系中的重要组成部分，并结合体育教学的实施而形成具有特殊的管理目标、内容、方法和特点等，其自身也是具有科学性和规范性的独立结构。

（2）针对性原则

虽然体育教学管理的内容比较丰富，管理方法灵活多样，但每项管理活动的设计和实施都有明确的目的性和针对性，也是因此为各项体育教学管理活动的开展明晰方向，并能突出重点，发挥体育教学管理的实效性。

（3）计划性原则

任何一项体育教学工作的开展，包括体育教学管理，都必须先根据实际情况拟定实施的步骤、方法、内容、程序和方案等。

另外，体育教学管理并非是一朝一夕的活动，它会一直随着各种体育教学的进行而存在。同时，也因为体育教学的周期性、阶段性和连续性特征，决定了体育教学管理必须是有计划地开展，并且这种计划是长期、持续的。

（4）科学性原则

体育教学管理的水平和效果会直接影响到我国体育教学的总体发展速度和方向，因而在实施体育教学管理过程中，要以现代教育和管理理论及体育教学理论为基础，并结合哲学相关原理，不仅要采用科学的知识和方法制订管理目标、内容、标准和实施方案等，也要结合实际选择管理方法，合理使用各种资源，并建立一支高水平的专业管理队伍，以确保体育教学管理工作的有序、有效、科学地开展。

（5）灵活性原则

体育教学管理由于受体育教学复杂性、综合性等特征的影响，它在实施的过程中也比较容易受各种外界因素的影响，如管理条件、管理者的水平和能力、管理时间安排、管理信息的收集和有效性等。因而，体育教学管理在具体实施程序、评价标准及内容等方面应具有一定的弹性，以增加体育教学管理体系的整体适应性。

2. 体育教学管理实施方法

（1）政策法规管理法

政策法规管理法是指运用国家对于开展体育教学工作所颁布的各种有关的法律、法规、法令、条例、决议、规章制度等实施管理的方法。

政策法规管理法具有强制性、稳定性等特点，同时也具有规范性和统一性的性质。它有利于维护正常的体育教学管理秩序，确保体育教学工作应有的地位，以促进各项体育教学活动的健康发展，如《中华人民共和国体育法》《学校体育工作条例》《学生体质健康标准》《全民健身计划纲要》等。

另外，国家体育总局颁布的《运动员技术等级制度》《裁判员技术等级制度》《体育运动竞赛制度》等对体育教学活动同样具有法规效力。

（2）行政管理法

行政管理法是通过有关部门发布指令、规定、条例等方式，运用行政组织和机构的职能与手段，对各种形式、性质、目的的体育教学实施宏观管理的方法。

行政管理法具有权威性、指令性、强制性和针对性等特点，它能有效地发挥体育教学管理活动所具有的组织、指挥、协调、调控和监督的作用。

(3) 教育管理法

体育教学的最终目的和职责是“育人”，因而对体育教学的管理也应以教育为主、以教育为最高要求和目的。

教育管理法是通过教导、劝说等方式，做到说服、教育，并根据教育对象的实际情况和所处环境，有针对性地采用不同的教育方式达到体育教学管理的目标。

(4) 目标管理法

目标管理法是指根据体育教学工作的有关规划及要求，结合教育对象和实施环境的实际情况，确定不同阶段体育教学工作的目标，并通过检查目标的实施和完成情况而进行管理的方法。

这种管理方法比较适合于对体育教学、体育竞赛、课余运动训练和课外体育锻炼等活动的管理。

(5) 奖励法与惩罚法

奖励法与惩罚法主要是对体育教学目的目标的完成情况和过程做出价值判断，并根据判定结果和实际状况给予不同的奖励或惩罚的方法。

奖励法与惩罚法是针对集体或个人在体育工作中做出的业绩给予肯定、表扬和奖励，以起到激励、表率、榜样、示范和推动体育教学工作的作用。而对于完成较差或出现错误的集体或个人给予批评、引导和相应惩罚，以起到帮助、督促、改进的效果。在运用时应做到实事求是，公平、正确、公开、公正，奖励与处罚一定要恰当并符合实际。

（三）体育器材管理制度

学校体育器材数量多，品种复杂，使用率高。必须制订严格的管理制度，保证有秩序的、有计划的合理使用，才能减少不必要的损坏、丢失，延长使用寿命。学校体育器材管理制度由学校主管领导召集教务、后勤部门与体育教研室（组）集体研究决定。

1. 有关器材进出的管理制度

体育器材进出的管理制度涉及购置、入库、保管和使用四个方面。

①购置。每学年上报一次体育器材购置计划，经批准后，责成专人购买。在购买器材时，要对生产厂家和选购的器材进行深入考察，购买后签

订体育器材质量保证和售后服务协议书。

②入库。由主管领导、器材购置人员和库房管理人员共同办理入库手续。根据发货单进行验收，填写器材登记表，三方签字后入库。登记表包括器材名称、数量、单价、规格、生产厂家、出售部门、入库时间和备注等。

③保管。不同的体育器材应采用分类保管，固定器材放置，列出名称和数量，年终和大型比赛前后要清点器材。器材室应经常进行打扫，保持通风干燥。

④使用。在保证教学需要的前提下，管理人员与体育教师协调配合器材的使用工作。体育管理人员应熟悉教学、活动、训练使用体育器材的情况，提前做好准备，清点器材。体育教研室（组）与有关部门共同制订器材使用制度，由专人负责办理借用和归还手续。

2. 有关器材安全的管理制度

体育器材安全的管理制度主要包括定期安全检查和维修工作制度。

①定期安全检查

学校主管领导应组织后勤部门和体育教研室进行定期联合安全检查；对学校体育器材均应做系统、细致的安全检查，发现问题，及时处理。

②定期维修工作

体育器材管理人员应掌握各类器材的构造和修理的技术，配备必要的修理工具，根据器材的损坏程度和结构特点进行维护。发现器材损坏应及时检查、检查，如乒乓球拍的黏合，羽毛球拍、网球拍的换线，排球网、足球门网、网球网、体操垫、海绵垫的缝补，各种球嘴的更换，篮球板、跳跃板的更换，跳箱的修复等均可自行解决。

第三节 学校体育教学的设计与评价

一、体育教学设计

（一）体育教学设计的基本要素

1. 教学目标与任务

应确立知识与技能、过程与方法、情感、态度与价值观三位一体的课程教学目标，它与传统体育教学只关注知识的接受和技能的训练是截然不同的。体现在课堂教学目标上，就是要注重追求知识与技能、过程与方法，情感、态度与价值观三个方面的有机整合，突出过程与方法的地位。

2. 教学策略

所谓教学策略，就是为了实现教学目标、完成教学任务、达到锻炼身体的目的所采用的方法、步骤、媒体和组织形式等教学措施所构成的综合性方案。它是实施体育教学活动的基本依据，是教学设计的中心环节，其主要作用就是根据特定的教学条件和需要，制订出向学生提供教学信息、引导其活动的最佳方式、方法和步骤。具体如下：①教学组织形式；②教学方法；③学法指导；④利用教学媒体。

3. 教学过程

现代的体育教学系统由教师、学生、教学内容和教学媒体等四个要素组成，教学系统的运动变化表现为教学活动进程（简称教学过程）。教学过程是课堂教学设计的核心，教学目标、教学任务、教学对象的分析、场地布置的选择，教学媒体何时插入利用，课堂教学结构类型的选择与组合等，都将在教学过程中得到体现。

4. 体育教学设计自我评价

在新课程理念下，教学设计的功能与传统教案的不同之处在于它不仅仅只是上课的依据。好的体育教学设计，首先要能够促使教师去理性地思考教学，同时在教学认知能力上有所提高，只有这样，才能够真正体现体育教师与学生双向发展的教育目的。

（二）体育教学设计的特点

体育教学设计具有科学性、系统性和艺术性的特点。体育教学设计的科学性在于，其在生理学、解剖学、心理学等理论的指导下，建立起合理的体育教学策略。体育教学设计的系统性在于，其设计综合了教学目标设计的各个环节，考虑到教师、学生、教材、家长、社会等各个教学参与方在体育教学的作用，使体育教学获得最佳的效果。体育教学的艺术性在于，其在教学设计中充分考虑学生的不同特点，让学生个人特点得到做大发挥，进行创造性的体育活动，而创造性活动正是艺术性的体现。

（三）教学设计的方法

1. 教学设计的基本要素

（1）教学任务及对象分析

新课程理念下，课堂教学不再仅仅是传授知识，教学的一切活动都是着眼于学生的发展。在教学过程中如何促进学生的发展，培养学生的能力，是现代教学思想的一个基本着眼点。所以，教学由“教教材”向“用教材”转变。过去教师关注的主要是“如何教”的问题。现在教师应关注的首先是“教什么”的问题，也就是需要明确教学的任务，进而再提出教学目标，选择教学内容和制订教学策略。

（2）教学目标设计

由于教学目标是具体规定学生在教学活动结束后，在认知和情感态度等方面能够达到的新水平。所以，在陈述教学目标时要具体、明确，做到以下三点。

①对知识、技能目标的陈述要反映学生所形成的具体行为。在陈述上不宜用含糊不清、缺乏质和量规定的“了解”“理解”“掌握”等词，而且要符合学生的认知水平，陈述词要具体、鲜活。

②对过程性目标的陈述要具体、明确，新课程标准关注“学习过程、改变学习的方式和方法”，因此，过程性目标的陈述要明确、具体。

③对情感、态度与价值观的目标进行陈述时，要明确学生应参加的活动或体验的内容，通常只明确规定学生应参加的活动或体验的内容，而不具体规定学生应从活动中获得什么结果。

（3）教学策略的设计

教学策略是实施教学活动的基本依据，是教学设计的中心环节，可以从以下几个方面去加以考虑。

①教学组织形式

新课程标准在课程实施方面，倡导自主、合作、探究的学习方式。通过学生自主提问、自主研究、自主体验、自主交流的过程，激发学生思维，开发学生潜能。可见，引导学生多种方式自主参与学习活动，已成为有效促进学生发展的基本途径。

②教学方法

教无定法；教学有规。面对多种多样的教学方法，哪些是教学设计中应优先考虑的？这些方法又该如何有机地结合在一起？这些都是制订教学方法所要解决的基本问题。总的来说，我们应该根据教学目标、学生特点、学科特点、教师特点、教学环境、教学时间、教学技术条件等诸多因素来选择教学方法。

③学法指导

我们既要重视学生学习兴趣的培养和动机的激发，重视教学过程的情感化，还要关注学生学习能力和创造能力的培养，更要考虑教学的有效性。

④教学媒体

媒体可以作为教学环境设计的一个部分，也是教学活动中教学呈现的一种载体，他们不是独立存在于教学之中，而是与教学方式结合在一起，成为教学策略的主要因素。

2. 教学设计的基本程序及书写内容

（1）教学设计的基本程序

①分析教学任务，阐述教学的预期目标。

②确定学生的起点状态，包括他们原有的知识水平、技能和学习动机、状态等。

③分析学生从起点状态过渡到终点状态应掌握的知识技能或应形成的态度与行为习惯。

④考虑用什么方式和方法向学生呈现学习内容，提供学习指导。

⑤考虑用什么方法引起学生的反应并提供反馈。

⑥考虑如何对教学的结果进行科学的测量与评价。

（2）教学设计的书写内容

①教学设计说明：写出本教学设计的意图和整体思路（突出新课程特点）。

②教学分析：包括教学内容的分析和学情的分析。

③教学目标：知识与技能，过程与方法，情感态度与价值观。

④教学策略（或学法指导）：选用的教学方法，教学手段，媒体及板书设计。

⑤教学过程。

⑥教学反思、评价。

（四）体育教学设计自我评价

由于与传统教学理念中传统教案相比，新的课程理念下，体育的教学设计不仅是教师教学实践的依据，同时也是体育教师理性思考教学实践的一种体现，还很大程度上促进了体育教师的教学认知能力，只有充分认识到这一点，才是体育教师与学生双向提升与发展的教育目的的最终体现。

二、认识体育教学评价

体育教学评价（evaluation of physical teaching）是围绕体育教学的预先目标，根据一定的评价标准，对体育教学过程诸多要素及其过程的价值判断。体育教学评价是教学评价的重要组成部分，是教学评价在体育教学质量评价方面的实践。

对体育教学评价的认识是对体育教学整体进行理解的结果。

（1）我们一般认为体育教学评价包括以下四个方面的内容。

①体育教学评价是判断体育教学活动价值及优缺点的过程。

②判断的根据是体育教学目标及有关标准。

③体育教学评价是一个过程，系统调查（定性和定量地收集资料的一切方法，如体育测量、听课等等）及其在此基础上的评定和调整构成了这一过程。

④体育教学评价不是孤立存在的形式。其需要通过测量，需要对测量进行解释并得出评定结果，并根据评定结果通过反馈机制自动调整体育教学活动的方法和方向。

（2）我们对体育教学评价的认识主要由于以下两点原因。

①体育教学评价的目的和结果不应局限于对体育教学价值的判断。

②体育教学评价是一个循环往复、具有连续性的过程。单纯的价值判断不但不可能实现和完成评价的全过程，而且不能使其转入循环以成为整个体育教学过程的有机组成部分。系统调查——评定——调整——再系统调查——再评定——再调整……构成体育教学评价连续运行的过程。

（3）我们在进行体育教学评价时应遵循以下原则和方法。

①原则：客观性原则；整体性原则；指导性原则；科学性原则。

②方法：观察法；问卷法；测验法。

（一）体育教学的特点

前文我们已经讨论过关于教学的概念问题，它是教与学的双边活动过程。任何教学过程都必须具有教学最一般的规律和特点，而不同的学科、课程又具有不同的个性特征。体育教学是众多学科、课程教学中最具特色的教学之一。因此，为了科学地进行体育教学评价，就必须清醒地认识体育教学的特点。与其他学科、课程的理论教学相比，体育实践类课程教学具有以下特点。

（1）实践性（practice）。是指体育教学主要是通过师生的体育练习来完成教学任务，实现教学目的的。体育教学过程与方式的实践性主要表现在教师的动作示范、学生的模仿与练习、师生之间的相互保护与帮助、师生之间的相互观赏与评价等方面。可以说，如果没有反复的体育练习与实践，学生就不可能掌握熟练的体育技术和技能，机体也无法产生良好的生理适应，某些意志品质等心理因素也无法得到有效干预和培养。

（2）负荷性（load）。是指在体育教学过程中机体要承担一定的生理（physical）和心理（mental）负担量。这是与体育教学的本质紧密联系的。体育教学是以身体练习为基本手段，以增强身体、增进健康、促进身体发育等为基本目的。负荷性是体育教学区别于其他教学活动的显著特点。

（3）开放性（opening）。是指体育教学冲破了传统的室内教学界限而在空阔的练习场所实施。由于没有传统意义上的课室，教师与学生充分交融，行动变得“自由”起来；没有了讲台，师生相处更加融洽、和睦。

与其他学科、课程的实验教学相比，体育实践类课程教学的特点见表4-3-1。

表4-3-1　体育实践课程与其他学科实验课程的主要区别对照表

序号	比较内容	体育实践课程	其他学科实验课程
①	教学目标	掌握体育运动实践技术与技能	掌握实验操作技术与技能
②	教学内容	人体及运动器械的运动规律（体验）	科学原理的内在联系（知晓）
③	教学方法	示范和反复练习、提高	演示和简单模仿、再现

（续表）

④	教学环境	体育场馆	实验室
⑤	外界干扰	较大	较小
⑥	身体负荷	较大	较小
⑦	掌握知识	主要依赖于反复练习	主要依赖于对科学原理的认识

（二）体育教学评价的特点

体育教学丰富的个性特点决定了体育教学评价的特殊性。归纳起来，体育教学评价具有以下特点。

（1）重视身体适应评价。体育教学的目的就是要通过身体练习，使机体承受一定的生理负荷，并逐步产生良好的适应。因此，体育教学效果的评价就必然以反映身体在形态、结构、机能、素质等方面的变化为重要内容。目前，我国学校体育教学评价主要是针对学生体育学习技能掌握和运动素质变化情况的评价。

（2）掌握知识与形成技能相结合。体育教学的实践性特征决定了体育教学评价的实践性。即通过体育教学，要求学生不但要会正确地表达体育动作技术要领，还要能够准确地进行动作示范。在体育教学实践中，强调学生的实际动手能力的培养，实质上就是要加强学生的身体练习，并能够掌握1～2项运动技术（项目），为终身体育打好基础。

（3）评价结果的一次性。体育教学评价结果的一次性有时也称为不可重复性。运动生理学的研究表明，人体最大运动能力的不可测量性，也就意味着运动技术与能力的表现具有不确定性特征。比如，在一次跳高测验中，第一次试跳越过了1.8m的高度，第二次再跳不一定能够越过。在众多的体育运动实践中，像这样的现象太普遍了。因此，在体育技能测验中，教师一般都会给学生多次测验的机会，以便使他们能够发挥出自己最好的成绩。

（4）评价形式与结果的开放性。体育教学评价的开放性表现在体育学习结果的公开化。无论是新动作技术的学习，还是动作技术测验，当事人的每一个表现，无论是成功还是失败，无论是熟练还是生疏，都清晰地展现在其他同学面前。这也为体育教学客观评价提供了基础，为学生之间的相互评价提供了可能。

三、体育教学评价分类

随着现代教育和现代科技的不断发展，体育教学也在不断发展。因而我们认为：体育教学评价与人们所认识的一般的教学评价不同，它已经有了一套自己的评定标准。

我们可以从各种不同的角度对体育教学评价进行分类。

（一）根据评价所涉及内容对象的多少划分

通常情况下，我们往往能够根据评价所涉及具体的内容对象方面的数量把体育教学评价划分为以下两个方面的内容，它们分别是单项评价方面和综合评价方面。

1. 单项评价方面

我们通常情况下认为，单项评价方面的有关内容指的是包括对学生学业成绩有关测验的结果与过程的评价、对教师教法合理性有关测验的结果与过程的评价，主要还是对体育教学的某一个或多个侧面进行有关各式各样活动的评价。

2. 综合评价方面

我们通常情况下认为，综合评价方面的有关内容指的是全面地评价某一学校体育教学质量。主要还是对某一学校的全部的体育教学活动进行完完全全的标准化地评价。

在这样的条件之下，我们通常情况下认为：这两类评价可以被认为是局部和整体的关系，假使没有单项评价方面作为基础的话，综合评价往往是完成不了的；同样，如果我们不从整体方面对体育教学进行相应的进一步把握，也会导致对单项评价结果的解释不那么让人可信。

（二）根据体育教学活动的角色划分

通常情况下，我们能够在体育教学有关活动的基础上，把体育教学的评价活动划分为对学生方面的评价和对教师方面的评价。

学生和教师作为教学有关系列活动的主要参与者，他们的一系列的行为方面的表现往往最能集中展现相关教学过程的性质和教学活动的结果。因此，对师生双方在教学有关活动中的表现的一系列评价是教学评价的又一重点。

（三）根据评价运用的方式和结果显示的信息特征划分

一般来看，我们根据评价运用的方式对体育教学评价进行划分，可以把体育教学方面的评价划分为主观性评价和客观性评价。

其中，主观性评价是以评价者通过听课形式、谈话形式，以主观体验的有关系列方式而做的，客观性评价往往会经由客观的测量活动和测验活动收集资料而产生。

另外，从结果显示的信息特征方面划分的话，又有定性的评价和定量的评价两个方面的内容。

（四）根据评价在教学过程中不同作用的特征划分

通常情况下我们认为：根据评价在教学过程中不同作用的特征，我们可以对体育教学方面评价进行如下几个方面的划分，它们分别指的是：诊断性评价、形成性评价和终结性评价。

1．诊断性评价

通常来看，我们进行诊断性评价活动往往是为了以下几个方面的内容。

（1）通过对学生方面当下的准备状态的了解，希望能够更好地进行编班分组活动。

（2）为了可以在之后妥当地安排体育教学计划。

另外，它往往会在教学活动开始前或者开始的时候做，而且得要通过专门的“摸底”类测验。

2．形成性评价

一般来看，形成性评价多在教学过程中做，主要是希望通过对教学活动进行价值方面的进一步判断，分析研究出教学活动的过程中所存在的问题或缺陷，以便形成适合于教学对象的教学方法或教学手段。

3．终结性评价

通常情况下我们认为：终结性评价活动往往需要我们在教学系列活动完成之后再开始进行，它是对所有我们知道的教学方面有关成果的综合性评价，也表示对已经完成的教学方面的活动进一步采取的价值判断活动。

四、体育教学评价

（一）学校体育教学评价的内容

从体育课程学习的角度看，体育教学评价主要涉及学生的体能变化及掌握体育知识和形成运动技能情况等。

1. 体育知识

体育知识（sport knowledge）是指围绕体育科学常识的介绍，包括体育运动竞赛的一般常识、体育锻炼的基本方法与技巧、体育保健与康复常识等。

2. 体育技能

体育技能（sport skills）是指学生掌握体育运动技术项目的多少及其水平的总称。终身体育要求，体育教学要使学生最终学会体育学习，掌握1～2项运动技术项目，并经常性地参与体育活动和锻炼。因此，体育技能的好坏直接影响着终身体育目标的实现。

3. 体能

体能（physical efficiency）是指机体的基本运动能力，包括身体形态、身体功能、健康水平和运动素质。发展体能是学校体育教学的重要目标之一，是体育教学的核心任务。但就体育课堂教学评价而言，一般主要是测量学生运动技术的掌握情况，以及运动素质的发展水平。

除了以上评价内容以外，有学者认为，学习态度、健康行为等内容也应纳入到体育教学评价的范围内。

（二）学校体育教学评价的发展

1. “教考分离”的缺陷

对于正在探索推广的体育教学“三自教学”改革实验中，由于学生自己选择评价（考核）的内容，甚至于学考不同一，评价结果不能反映学生学的效果，更谈不上反映教育发展水平（指由体育教学产生的影响），而且，评价的结果也缺乏自身和个体间的比较。

素质教育并非排斥考试，而是在更高的层面上对教育教学考核提出了更加全面的要求。教考分离主要是指教学实施者的主体移位，以便使考核更加客观。但教学的内容与考试的内容的更替究竟具有多少理论依据还值得商榷。

“教考分离”的现象在高校体育教学实践中具有普遍性，应当引起反思。不恰当的“教考分离”，还有可能导致体育教学评价的不公。

2. 评价理念的最新理念

体育教学评价也存在着评价理念问题，并受体育教学目标的制约。要建立科学、合理的体育教学评价理念，首先要科学确立体育教学的目标。所谓评价理念（viewpoint of evaluation），就是指人们在认识评价本质的基础上逐步形成的在评价操作层面上的总体态度和观点。教学评价的理念就是在对教学评价的本质与功能认识的基础上，逐步形成的如何进行评价的态度和观点。因此，教学评价的理念具有多样性，但都从不同的侧面反映出教学评价的基本特质，教学评价的理念制约于教学目标。

《学校体育工作条例》第三条规定要求体育教学的主要任务有增强体质、掌握技术、培养品德三大内容。

教育部印发《义务教育课程设置实验方案》拉开了我国基础教育改革的序幕。教育部组织专家陆续发布了各门新课程标准。根据《体育与健康》新课程标准的要求，教学目标包括运动参与、运动技能、身体健康、心理健康和社会适应五个方面，较全面地反映了学校体育教学的总体目标，具有鲜明的时代特征。

《体育与健康》课程标准扩大了体育课程学习的目标范围，尤其是增设了身体健康、心理健康、社会适应等方面的某些内容，使评价指标的设计难度加大。体育教学目标的定位应当回归到体育教学的本质功能上来，依据体育教学过程的本来面目来设计相关的目标要求。理性分析体育教学的本质功能和派生功能，不宜扩大其派生功能。体育教学目标的定位应当能够主要体现体育教学行为所能够导致的影响与结果。

3. 教学评价标准的多样化

教学评价是检验教学效果的重要手段，是实施课程计划的重要环节，还涉及学生毕业、学位授予等重要方面。因此，给出一份科学、合理的课程学习鉴定书（课程考试成绩单）不是一件容易的事情。教学评价标准的多样化是今后教学评价发展的主流趋势。

4. 心理效应的测量依然是个难题

众所周知，体育教学对于发展学生的个性、培养良好的品质等方面，具有独特作用；而当前的体育教学评价却较难反映这一效果。首先，心理因素是个复杂的问题，学生心理因素的干预需要较长的时间才能有效果；其次，要想筛选出哪些是与体育教学手段干预有关联的内容也是非常艰难的事情。因此，研究评价学生心理因素发展的评价指标任重而道远。

5. 教学评价中的隐性因素作用

从课堂教育教学质量评估的过程看，教师及其所教授的课程是评价的客体，学生是评价的主体，很显然，在目前传统的课堂教育教学质量评估指标体系中，其内容主要涉及的是教师的行为及其相关的内容体系，而关于学生及其思想思维体系的内容却很少涉及，这在客观上忽略了这些因素对评价结果的作用与影响。

实践证明，在体育课堂教育教学质量评估中隐性因素是客观存在的，师生情感因子、课程情感因子和课堂行为因子对评价的结果有着明显的影响；而且，其作用具有双向性特征，即可以偏离相对客观的平台，要么偏向学生的意志一方，要么远离之。

第四节　学校体育教学之体育教师

体育教师培训是当今世界中小学体育教师教育的发展趋势，也是保持我国基础体育教育可持续发展的必然要求。因此，探讨我国体育教师培训模式，对于建设一支适应现今体育教育改革与发展的高素质的体育教师队伍，对于进一步提升我国中小学体育教师的水平，提升我国学校体育教育的质量，实现体育教育提出的各项战略目标，有着重要的意义与价值。

一、体育教师培训模式的概念及特点

（一）体育教师培训模式的概念

中小学教师培训模式是指在基础教育领域内，对取得了教师资格的在职教师进行的以提高思想政治素质和教育教学能力，从而有效地提高教育教学质量为主要目标的教育训练活动的方式组合及其相互关系。易长发归纳了我国中小学教师的六种在职培训模式：中小学教师短期训练班模式、脱产进修培训模式、学历补偿教育培训模式、以教研活动为主的短期培训模式、菜单式课程培训模式、专业合格证培训模式等。

体育教师培训模式是在教师培训模式[1]范畴之下，在学校体育领域内，对取得了教师资格的在职体育教师进行的以提高思想政治素质、教育教学能力、有效地提高学校体育教育教学质量为主要目标的教育训练活动的方式组合及其相互关系。

（二）体育教师培训模式的特点

体育教师培训模式既具有培训模式的特点，同时由于体育学科的特殊性，因此又有其自身特殊性。主要具有多层次性、多规格性、多形式性三个方面的特点。

1. 多层次性

多层次是由体育教师群体内部的差异决定的。由于体育教师在学历和职称上存在差异，要求培训应具有针对性，根据目前体育教师的实际情况，可采取三个层次进行培训：第一层次为体育教材教法培训，培训对象是刚参加工作的青年教师，主要任务是加强青年体育教师教学能力的培养，使之认真钻研教材教法，搞好体育教学；第二层次为获得合格学历的进修，培训对象是学历不达标的体育教师，主要任务是获得合格学历取得学位，加强其教学和科研能力的培养；第三层次为研究性的培养，主要培养对象是有一定科研水平的学科带头人，主要任务是培养中青年骨干教师，使之成为各学校的学术骨干，加强学校体育科研工作。

2. 多规格性

多规格是由多层次的特点决定的，是对多层次提出的最基本的培训目标和要求。体育教师的规格可分为教材教法合格、专业证书合格和学历合格三种，即在某阶段达到相应的规格要求。

3. 多形式性

多形式是由培训对象的在职性特点所决定的，选择哪种培训形式既要

[1] 刘捷在《专业化：挑战21世纪的教师》中把教师的专业化实现模式分为：高校为本的教师教育模式、PDS学校模式、教师入门培训模式、校本培训模式、课程为本的培训模式、短期进修培训的模式、教师教育一体化模式、四位一体培训模式。

有利于在职教师的提高，又要有利于教师做好本职工作，其主要形式有：脱产进修与不脱产进修相结合；短期班与长期班相结合；函授与自学相结合等。

二、体育教师培训类型

随着课程改革的不断推进，体育教师培训备受各级政府及教育部门的高度重视，新的培训模式不断出现，出现了前所未有的培训格局。综合各种不同的分类方法，结合北京市体育教师培训基地多年来的实践工作，总结出以下几种体育教师的培训模式。

（一）补充型培训

补充型培训属于体育教师培训的初级形态。改革开放以来至 1983 年，根据“教什么，学什么”“缺什么，补什么”的原则，开展了以教材教法过关为重点的教师培训工作。在具体实践中，又可以分为校本教学基本功补充型培训、校本为主的教学技能补充型培训、课程学习与教研活动相结合的补充型培训。校本教学基本功补充型培训的目标是补充中小学教师体育教育教学技能在内化过程中的不足与缺陷，主要内容是进行“教学基本功训练”。体育教学基本功训练主要是动作口令、语言讲解、动作示范、适用与制作教具、组织教育教学活动等方面的训练。

校本为主教学技能训练补充型培训的目标是使中小学体育教师都能够上“合格课”。培训内容主要是达到“五规范”，即教学计划、教案设计、教学环节、操作演示、课堂教学技能规范。课程学习与教研活动相结合的补充型培训目标是补充体育教师的教育理论知识、学科知识与教育教学技能在内化过程中的不足与缺陷，随着教育事业的发展对教师基本要求的变化，补充一些基本知识与技能，如计算机应用基础、网络知识、体育教学基本技能训练等。

（二）学历型培训

提高学历层次培训主要包括小学教师进修大专、本科层次，初中教师进修本科层次，以骨干教师为主的研究生课程班学习，在职攻读硕士、博士等层次。1982—1992 年，为帮助中小学体育教师达到应有的合格学历标准，在教材教法过关培训的同时，举办各系统的、短期的文化进修班，实行《专业合格证书》制度，进行了以教师学历补偿教育为重点的培训。

1985 年 11 月 12 日，国家教委在北京召开全国中小学师资工作会议。

国家教委副主任何东昌做了《为建设一支数量足够、质量合格的中小学教师队伍而奋斗》的报告，指出要按质按量完成九年义务教育、保证基础教育的水平稳步提高，根本大计在于建立一支有足够数量的、合格而稳定的师资队伍。国家教委体卫司委托重庆市教育局于 1987 年 10 月召开了“教育学院系统体育师资培训教学改革研讨会”，认为教育学院体育系、科（室）担负着在职中小学体育教师培训的任务。从长远看，是对学历已经合格的教师进行职后教育，解决知识更新和继续提高的问题。

（三）提高型培训

提高型培训属于培训的初级后期形态。“提高”包括两个涵义：一是在体育教师工作一段时间后，需要结合工作需要对知识和能力结构进行调整更新；二是随着教育事业的发展，对体育教师素质要求越来越高，体育教师要随着要求的提高不断更新与改善智力结构，为今后的可持续发展打好基础。提高型培训主要适用于有一段教学工作经历的教师，一般是初级后期和中级以上职务的体育教师。

（四）骨干型培训

骨干型培训分为两个层次，一是骨干教师形成型培训，二是骨干教师提高型培训。骨干教师形成型培训属于中级初期培训形态，该培训的对象是潜在的体育骨干教师，培训目标是促进青年教师中的优秀人才成长为骨干教师。骨干教师提高型培训有三种子模式，分别是全面提高素质的提高型培训、培养特色与专长为主的提高型培训、教育科研专项研究为主的提高型培训。

（五）适应型培训

适应型培训主要针对新教师，是为了使刚刚走上教师岗位的教师熟悉和掌握学校工作的任务、基本内容、环节和环境。它是体育教师培养培训中的重要一环，对于新体育教师顺利成长、促使其专业发展、尽快适应教师职业生活、及早胜任工作岗位和沟通职前培养与职后培训等均具有重要意义。新体育教师培训在不同地区、不同阶段基本模式差别不大。

多数地区的经验可总结为：使新体育教师适应学校工作的一个目标；体育教师角色适应和教学工作适应的两项任务；集中讲授、实习观摩、实践锻炼的三个阶段；教师进修学校、学校领导、专门负责培养新教师的老教师、新教师本身的四方面力量。体育教师的适应型培训一般有“师徒帮带”式、集中培训式、新体育教师研修式三种模式。

（六）专题型培训

短期专题型培训是集中解决学校体育、体育教师发展过程中的关键问题，用于专项提高，能集中、高效、有针对性地解决教师在工作中遇到的实际问题。专题型培训包括确定急需解决的问题、根据问题设计课程、研讨实践中的问题、通过培训解决问题、急需解决的问题基本得到解决等。但短期培训有时出现“头痛医头、脚痛医脚”的短期行为，需要与长期系统培训结合，才能促进体育教师的成长。短期专题型培训适用于所有地区、所有职级、所有继续教育阶段培训。

（七）远程型培训

远程培训是构筑知识经济时代人们终身学习的主要手段，充分利用现代信息技术，以生动形象的方式将大量信息展现在受教育者面前。现代远程培训包括实时与非实时的授课系统、课后辅导、答疑、作业、自测系统等。远程培训具有以下优点。

1. 利用网络学习，方便快捷

以图文并茂、声像并举的具有交互性、资源丰富的数字化信息创设情境，学员在教师的指导下，在网络的支持下进行自主学习，完成知识的获得和能力的培养等。

2. 学习内容明确

教师就学习内容提出明确的、具有探究性的学习任务，使学员能够有明确的方向感和学习的兴趣。

3. 注重过程，培训全面

把学习看作是获得和发展自主学习能力的过程，不简单地以学习结果作为判断学习的唯一依据；通过学习可以提高参与培训的体育教师确定学习内容的能力、获取有关信息与资料的能力、利用和评价有关信息与资料的能力等。

4. 民主培训

自主化学习与协作学习相结合，实现教学民主化。

5. 提升效率

这种培训模式为学员提供了不受时空限制、课内外相结合的学习环境，参加培训的教师可以随时、随地利用网络自行参加培训、学习。

6. 资源丰富

这种培训模式的学习资源非常丰富，涉及面很广，且具有可选择性。

7. 方便共享

网络课程资源和学员学习经验的广泛传播为远程教育和交流提供了快捷的途径。各地教师都可以通过网络远程登录学习所需的课程，很好地实现资源共享。

（八）带薪脱产型培训

带薪脱产培训体现了以人为本的新理念，促进了教师和学科教学的同步发展，促进了教师的施教能力和所任学科教学水平的同步提升，满足了教师不断进取、开拓创新的需求，满足了教师实现个人价值、提升自己的思想政治和业务素质、进行自我充电和知识更新、了解本学科乃至相关学科的前沿动态、提高施教能力的需求。

（九）转岗型培训

转岗型培训是今后一段时间内可能出现的为解决体育教师变换工作，适应新岗位工作需要进行的培训。如有些地区高中发展以后，部分初中体育教师将任高中课程，还有一些本来是教师岗位的体育教师成为主管体育学校领导者等。

三、体育教师素质培训

（一）思想素质

人们通常将教师称之为灵魂的工程师，由此可见教师对于人类成长的重要性，作为一名教师，品德是至关重要的，只有具备了高尚的品德，才具备了成为一名教师，为人师表的基本资格。在此基础上，教师还有一定的爱国主义情怀，只有这样，培养出来的学生才能对国家有一种认知。尤其是体育相关专业的老师与学生。

作为一名体育教师，除专业技能之外，应当具备慷慨、宽容、耐心、尊敬、公正、谦虚、团结、求知等多种基本品质。与此同时，处于新时代的体育教师也要积极求变，去芜存菁，逐渐适应以学生为基础的教学观念。当面对学生的时候，或者是在教学的实践过程当中，要将学生当作是具有独立思考能力的、具有发展潜力的独立的个体，要充分尊重学生的独特个性。针对不同学生的不同特点能够制订出相应的多样的教学方法和目标。

任何一名教师，都应该将为人师表、爱岗敬业当作指导自己工作的座右铭。尤其是体育教师，由于专业的特殊性，不仅要有坚定的、正确的政治思想，还要在做人方面严于律己，与此同时，还要保证自己的言行举止能符合一名教师的行为规范，只有这样，才能更深层次地影响学生。

在当前社会中，由于一切以市场经济为导向，教师在完成教学目标的同时，还要积极提升自己的专业技能水平，与此同时，还要抵制社会中不断扩散的不良风气。只有这样，教师才能利用自己的言行举止潜移默化地对学生造成影响，培养出对社会起正面作用的学生，进而成为一名受人尊敬的老师。

（二）基本业务素质

1. 良好的身心素质

对于教师，尤其是体育教师来说。在传授体育知识和技能的过程中还要对学生的成长方面有一定的建树，学生成长的内容主要是内在的，即道德、思想、情感和意志等心理素质。这也就要求相关教师要在这些方面要相对健全，如果教师在这些方面有所欠缺，不管是人格方面还是精神意志方面，都会对学生造成非常直接的影响。

与此同时，作为一名体育教师，由于所教专业的特殊性，体育教师必须承担一定的身体和心理方面的压力，因此强健的身体素质是非常重要的，只有这样，才能在环境变化的过程中适应良好，及时完成教学和训练任务。

2. 先进的教育观念

面对创新教育，体育教师必须转变观念，树立科学的教学观、学生观、人生观、质量观和评价观。有了这种教育观念，才能使我们正确认识实施创新教育同体育教育的关系，才能使我们改进教学方法，把培养学生创新意识、创新精神、创新能力作为体育教学的核心和最高境界。爱学生是每个教师必须具备的素质。教师爱学生，首先就要尊重、理解、信任学生，与他们建立平等、民主、亲切的关系。在与学生的交往过程中，要用爱去创造爱，只有植根于爱才能做一个合格的教师。

（三）专业素质

随着社会结构的不断整合，分化和综合已经成为所有学科发展的方向，不同的学科之间相互交叉促进，进而又形成了很多新的学科，与体育相关的很多专业自然也不例外。当然，体育学科有与其他学科相同的地方，但体育也有其不可替代的地方，那就是在增长知识的同时强身健体、调节情感和意志，对于智力也有一定的促进作用。

对于一名体育教师来说，学科知识和教育学知相结合的模式已经不能满足现代的发展需求，也不能满足学生的求知需求。这也就要求体育老师要积极开拓和涉猎相关的知识面，对于相关领域的最新成果一定要有所认知，将自己打造成相关领域的专家。要想达成这一点，体育老师就要对与体育的相关理论、医学、心理学以及教育学等方面有深入的了解和认知。只有将这些知识充分消化，才能应对教学过程中出现的各种状况，在教学上游刃有余。尤其是近些年来，随着科技的高速发展，出现的新事物越来越多，新的教育手段也越来越多，如投影仪、幻灯片、录像等，如果体育教师不能跟上现代教育的发展步伐，就很难获得好的沟通效果。与此同时，体育教师要积极与国外的先进教学经验进行沟通，并在此基础上进行创新，使理论与实践相结合，促进复合型人才的培养。

1. 教学能力

所谓的教学能力就是体育教师作为教学过程中的主导者，通过有效的手段将学生的主体作用充分发挥出来，进而有效完成教学任务的能力。具体来说，体育教师的教学能力包括驾驭教材的能力、教学方法的合理运用、教学过程中的正确表达、体育动作的正确示范以及对教学结果的考核评价能力等。

2. 科研能力

对于体育教师甚至可以说对于所有的教师而言，科研能力都是教师在教学过程中非常重要的一种能力，专注于教学实践而忽略研究，就无法带给学生更加深入的知识，而专注于研究忽略教学实践，则就像空中楼阁一样不接地气，给学生的理解带来困扰。一方面教学实践与科研是相对独立的体系，另一方面随着时间的推移与教学方式方法的改革与创新，突出的科研创新能力对于体育教师的教学实践有着非常重要的促进作用，而教学实践又能对科研创新的效果给出评价，两者就是在这样的相互促进当中发生螺旋性上升。

体育教师通过对体育教学的实质、价值和目标进行创新性研究，以及对体育教学实践进行深入研究之后，逐渐找到一种相对理想的体育教学模式，通过这种模式能将学生的创新思维和能力最大限度地开发出来，使体育教师从单纯教学转变成科研型教学。现在的教育体系对教师提出了更高的要求，也就是教师在教学实践的过程中必须积极参与相关方面的科学研究，从实践中的问题出发，积极钻研探索，最终形成新的理论认知。

3. 合作能力

虽然体育教学活动与其他任何学科一样也是一种教学活动，但体育教学活动也有其独特的一方面，那就是在体育教学的实践过程当中，体育教师要与很多方面的人进行沟通和合作，当然最主要的沟通合作对象是学生，此外还有同专业和其他学科的教师、家长甚至是社会上的相关人士。要想顺利完成一项实践活动，最直接的方式就是通过教师的影响力和人格魅力积极与人沟通交流，只有产生协同效应，工作才能顺利进行。对于现代体育教师的素质来说，一个非常重要的表现就是在理解别人的同时所具备的合作能力。

四、体育教师管理制度

各级教育部门学校体育业务工作的重要一环是体育师资的管理，主要根据体育教学计划与本地区学校数量、学生数量，及时做好体育教师定编工作和培养、培训及检查工作。

（一）有关教师聘任的管理制度

体育教师聘任制是学校劳动人事制度的重大改革，是一项新的工作，必须在当地政府的领导和支持下进行。教师聘任可采取分批分级分类进行，在各有关部门通过和批准后，要签订合同，颁发聘书。在聘任期内，一般不辞聘或解聘，不经双方同意，不得中止合同执行。对落聘人员要区别不同情况妥善处理。对教师聘任管理要把握以下原则。

（1）定岗定编、按岗聘任原则。按上级有关规定核定编制，按编制人数、工作需要进行聘任，受聘者实行教育岗位责任制，明确目标、任务、数量、质量要求，定期考核奖惩。

（2）量才使用、职能相称原则。体育教师的专业特长、兴趣爱好、经历阅历、修养程度各不相同，因此，要各得其所，各遂其志，人尽其才，人尽其用，将每个专业人才安排到最能发挥作用的岗位上。

（3）优化结构、提高效益原则。岗位数量是有限的，设岗应兼顾事业的长远发展需要与队伍的现状，根据目标平稳过渡，逐步调整，使专业技术人员逐渐趋向最佳配套，发挥出最大效益。

（二）有关教师行为的管理制度

体育教师行为管理制度是指教师在从事教育活动中必须遵循的教育指导思想和基本准则，是对教师规定的教育原则、教育规则、言行标准、职业修养和各项纪律。

教师行为管理制度的落实主要靠教师的自我完善和提高，如注意自身人格完善，学识水平提高，真正关心爱护学生，服从教师集体、搞好群体协作与支持等。但学校应采取综合配套措施，多管齐下推动教师行为管理制度的落实，如强化监督、评价、激励体制，深化人事制度改革等。

实施教师行为管理制度要注意加强师德教育，提高教师素质；更新教育观念，防止教师滥用权威；强化宣传教育，增强教师法制观念；完善赏罚机制，保障教师正当利益；健全管理体系，建立合理监督机制；营造良好环境，强化校园文化氛围。

（三）有关教师提高的管理制度

体育教师提高素质既是教师个人的行为修养，也是学校关于师资管理中必不可少的工作内容。因此，学校应制订有关体育教师参加校内外培训的管理制度。

学校应有规划，分步骤，因人、因时、因地制宜开展教师进修提高工作，安排在职体育教师进修培训，鼓励在职教师攻读研究生。青年教师要积极参加各项教学观摩、基本功大赛等活动，向有丰富教学实践经验的教师学习。

第五章　学校体育教学之篮球教学

学校体育教学中，篮球教学是体育教学中的重要组成部分，而篮球的技术教学和战术教学恰恰是篮球教学中的最为主要的部分，本章就篮球运动的技术与战术教学方法与技巧进行研究，旨在进一步加强学生对于篮球运动的理解广度与深度。

第一节　篮球运动的技术教学实践

一、接球技术的教学实践

（一）双手接球教学

最基本的接球方法就是用双手来接球，双手接球动作也是在比赛中最常用的一种方法，双手接球的优点是握球比较牢固，比较容易进行下一个动作。接球时，运动员的眼睛首先要时刻紧盯来球的方向和路线，两肘微曲，以方便抓到球后，缓冲来球力道，手掌张开，手指自然弯曲，向上伸出，形成半圆形，以方便双手以最快的速度抓球。当手指接触到来球之后，双臂稍屈，缓冲来球的力量，双手持球在胸前。

图 5－1－1　双手接中部位的球

我们需要特别注意的就是来迎接来球的同时一定要保持身体的平衡，不管是传球，还是突破或者是投篮，都要随时做好准备；同时还有一点要注意的就是运动员伸出双臂的角度要根据来球的方向与高度的不同做出随机应变的变化（图5-1-1、图5-1-2）。

图5-1-2 双手接高部位的球

（二）单手接球教学

在篮球的比赛过程当中，与双手接球有限的控制范围相比，单手接球可以控制更大的接球范围，不受来球的方向所限制，但是单手接球也有自身的缺陷，那就是当接到来球以后可能会出现拿球不稳的情况，所以，综合各种因素来讲，我们在一般情况下都需要用双手进行接球。篮球运动比赛千变万化，在某些特殊的情况下，我们不得不使用单手接球，单手接球时，根据运动员的具体情况进行接球，根据具体的接球手决定迈向来球方向的腿，眼睛注视来球的放方向，伸出所要接球的手臂，手掌张开，手指自然弯曲以迎合来球，当受触球之后，手臂要稍微弯曲，顺来球方向向后引，这时，马上将左手扣在球上，双手将球握在胸前，以便进行下一动作（图5-1-3）。

接球是终止球在空中运行的一种方法，无论是单手接球还是双手接球，一定要给球施加一个与来球方向相反的力予以阻挠，使来球的速度逐渐降为零。篮球在接触到手之后，可以屈肘顺势向后引球，同时增加相反作用的力，如果来球的速度比较快，力量比较大，则需要接球人增加迎球的幅度，增加迎球的距离。

图 5－1－3　单手接球

二、移动技术的教学实践

（一）移动技术教学

由于篮球比赛本身就是一项需要运动员来回移动才能进行防守或进攻的运动项目，因此在篮球比赛的过程当中，为了使移动更加顺利，并在移动的过程中保持平衡，争取最有效的比赛效果，运动员要尽最大可能掌握自身姿势在赛场上的改变，以及位置、方向、速度和争取高度，而在这些变化中，运动员所采取的脚步动作变化就是移动技术。在篮球运动中的移动技术有多种，主要包括走、跑、急停、转身、跳、跨步、滑步和后撤步等。

1．起动

在起动的时候首先要上体前倾，在重心前移的同时，脚跟离地，脚掌用力蹬地，双臂有节奏地摆动，迅速向前迈。在进行迈步的时候前两步一定要短促、快速，重心逐渐向前移动，上体慢慢抬起，力争在较短的时间内快速起动，发挥自身的速度优势。

2．跑

（1）后退跑

赛场上的运动员因赛场的具体情况需要后退跑的时候，要上身放松，保持直立，目光保持平视，两臂弯曲，保持平衡，做好随时接球的准备，移动时，前脚掌着地，两腿相互提膝向后移动，屈肘的双臂也相应地前后摆动，在向后移动的过程当中，运动员还有一点就是时刻注意球场上的变化，并做好随机应变。

（2）变速跑

在进行变速跑的过程中，首先体现在动作上的就是要改变自身运动的速度大小，在加速运动的时候，首先要用前脚掌短促有力地向后蹬地，同时上体还要迅速向前倾斜，配合以手臂有节奏的摆动，在刚开始运动的时候，步幅可适当小一些，加快跑步的频率。在减速的时候，上体逐渐抬起，步幅逐渐增大，前脚掌着地，减少向前缓冲的力量，逐渐放慢脚步，降低跑步的速度。

（3）侧身跑

侧身跑时，脚尖指向跑动方向，头部和上体自然向有球方向扭转（靠近边线跑动时，身体向场内扭转），有利于观察场上情况。

3. 急停

（1）跳步急停

也称一步急停。停步时上体稍后仰，两臂自然摆动，两脚同时平衡（略比肩宽）落地。两膝弯曲，两臂屈肘张开，保持身体平衡。

（2）跨步急停

运动员在进行跨第一步的同时，先用脚跟着地，紧接着就过渡到全脚掌触地，随之降低身体的重心，身体稍微后仰；在进行第二次跨步的时候，在脚掌落地的同时，为保持身体平衡，双膝弯曲，向内扣，在脚步不变的情况之下，上身稍微侧转，脚尖张开的角度以运动员的舒适为主，运动员双脚着地的时候，注意抬起脚后跟以前脚掌着地，用力制动，上体后仰，两臂张开，帮助身体保持平衡（图5－1－4）。

4. 转身

转身是利用一脚做中枢脚，另一脚蹬地向不同方向跨移，改变原来自身方向的一种方法。

（1）后转身

向右做后转身时，左脚为中枢脚，重心移到左脚，左脚前脚掌用力碾地，右脚掌内侧蹬地，同时用力向右后方转跨、转肩；右脚蹬地后，迅速从左脚后面跨步落地，身体不要上下起伏。

图5-1-4　跨步急停

（2）前转身

转身时，中枢脚前脚掌用力碾地，移动脚蹬地并迅速跨步，同时转腰转肩并保持身体平衡。

5. 跳

（1）单脚起跳

单脚起跳多在助跑情况下进行。助跑时，最后一步一般较小，用脚跟先着地过渡到前脚掌蹬地，两臂上摆提腰，另一腿屈膝上提，当身体到达最高点时，摆动腿自然下放，落地时屈膝缓冲。

（2）双脚起跳

两脚自然开立，两膝深屈或微屈，重心下降，两臂弯曲并稍向后摆。起跑时双脚蹬地，两臂用力上摆，提腰展体。落地时屈膝缓冲。

6. 滑步

（1）侧滑步

以向左侧滑步为例。首先要双脚平行站立，双腿稍稍弯曲，保持上体前倾的姿势，双臂向两侧伸出。左侧滑步时，为保证身体平衡，在向左跨出左脚的同时，右脚掌要保持内侧蹬地的状态，当左脚落地的时候，右脚要紧跟其后，在距离左脚一定的距离之后落地，然后左脚再次跨出依次重复。

（2）前、后滑步

前、后滑步的动作方法和要点与侧滑步相仿，只是方向不同。

（二）移动技术训练

（1）原地做各种脚步动作，听到信号后突然快速起动练习。
（2）全场徒手一对一。做变向、变速、侧身跑摆脱防守练习。
（3）慢跑 3 ~5 步做跨步急停、跳步急停练习。
（4）由攻转守综合性脚步练习（图 5 –1 –5）。

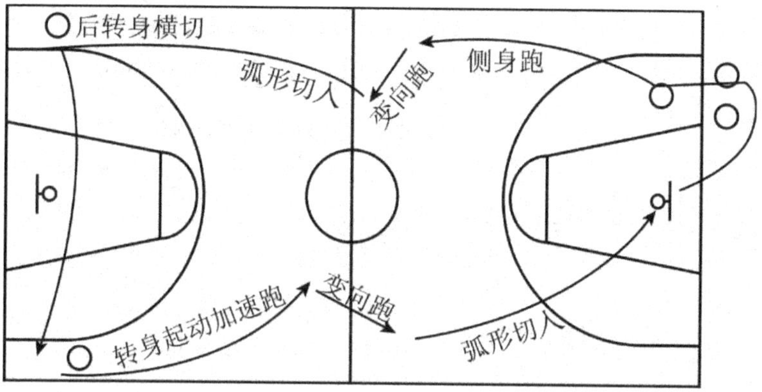

图 5 –1 –5　由攻转守综合性脚步练习

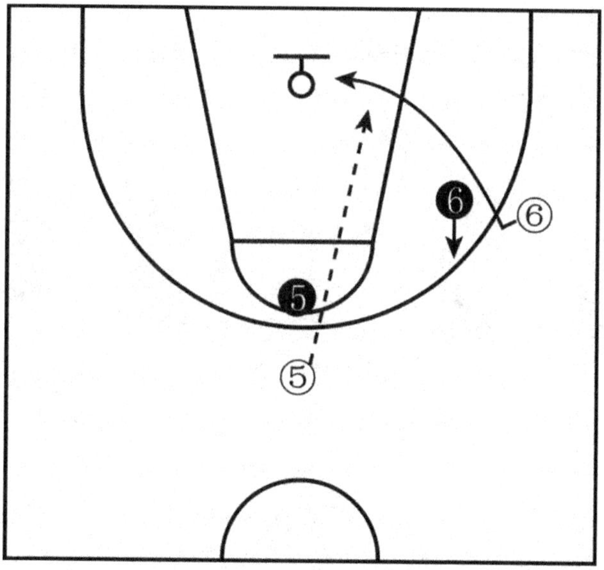

图 5 –1 –6　半场摆脱与防摆脱练习

（5）半场摆脱与防摆脱练习（图 5 –1 –6）。

(6) 进攻跑动及换位综合性移动练习（图 5 –1 –7）。

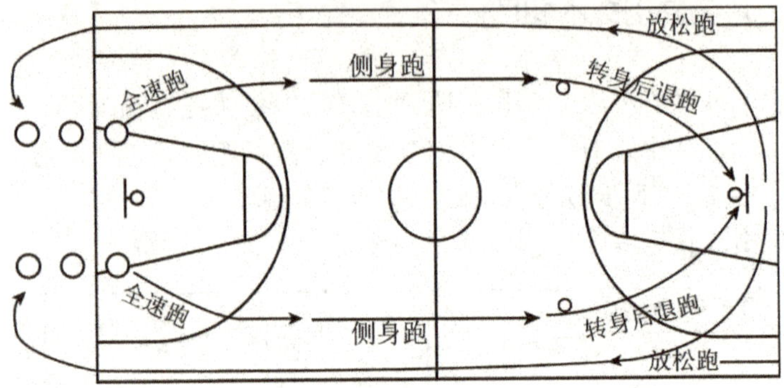

图 5 –1 –7　进攻跑动及换位综合性移动练习

三、传接球技术的教学实践

(一) 传接球技术简介

1. 传球技术教学

(1) 单手传球

单手持球的后下方，利用蹬地扭腰、转肩动作，向前甩臂、扣腕将球传出（图 5 –1 –8）。

图 5 –1 –8　单手传球

(2) 双手传球

图 5 –1 –9 所示为胸前传球，这种姿势要求双肘于身体的两侧自然弯曲，双腿略成弓步，上身基本直立，球在双手的抓握中位于身体的胸腹之

间，目光始终注视着传球目标。

图 5－1－9　双手传球

（3）行进间传球

所谓的行进间传球实质上也只在考验传球双方的配合默契程度，在进行传球的时候可以用单手传球，也可以用双手来传球，在进行篮球比赛的时候为了加快进攻的节奏，缩短传球的时间，行进间传球也是一种比较常见的传球方式。

2. 接球技术教学

（1）单手接球

当来球的角度比较刁钻，不适合双手抓球的时候，就可以单手接球，在单手接触来球的瞬间依靠来球的惯性，收回指胸前，另一只手迅速跟上，成为双肘持球。

（2）双手接球

在进行双手接球动作的时候，首先要双眼注视来球的方向，双臂伸出迎接来求，五指自然张开，拇指呈“八”字形张开，双手呈现出半圆状，当手指接触到来球之后，双臂稍微弯曲，以此来缓冲来球的力量，当来球力量比较大的时候，可适当向后引球，最终双手持球在胸前。

（二）传接球技术训练

1. 徒手

（1）原地徒手双手持球动作的模仿练习。这种训练主要是为了锻炼运动员的手感，也就是没有篮球实物，练习运动员徒手模仿双手持球的动作。

（2）成双手持球的徒手模仿动作，做向来球方向伸臂，主动回收手臂的徒手模仿接球动作。

2. 行进间传接球

（1）两人一组进行练球，两人的距离为4～6米，其中一名运动员的位置比较固定，主要的任务就是向不同的方位进行传球，而另一名运动员的任务就是通过移动从不同的方位做接球练习。通过一定次数或时间的训练之后，双方之间的角色要进行交换。

（2）迎面上步传接球练习。也就是运动员列成纵队接受教师传接球的练习，教师与运动员的距离通常是5～7米。排列成队的运动员从排头开始依次与老师进行传接球练习，单次练习过后，跑回队尾，如此往复循环。这种训练方式还同时适用于跑动接球、急停、上步传球等。

（3）全场三人传接球练习。首先三人的队形为三角形，位于中间的运动员要稍微靠后一点，其余两位运动员稍靠前，任何一次传球都要通过位于中间的运动员，传球的过程中注意保持队形。

（4）全场四角传接球。④斜插接⑤的球后传给对角的⑥，并跑到⑥的排尾；⑤传球给④后跑向④的排尾（图5－1－10）。依此反复进行。

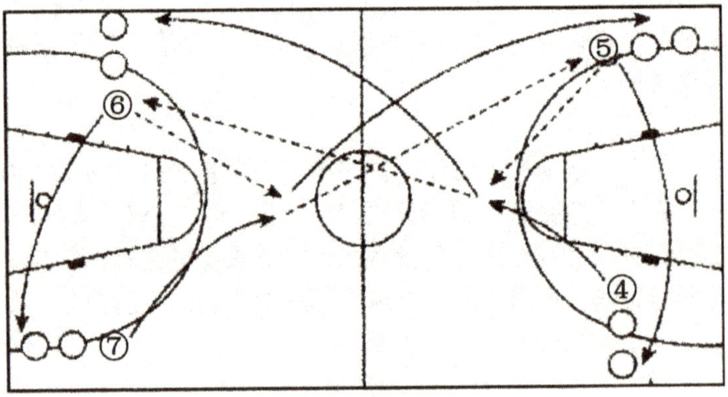

图5－1－10　全场四角传接球

四、中锋技术的教学实践

（一）中锋技术概论

中锋队员是指主要活动于篮下的身材高大的队员，或称作在篮下活动的特殊队员。

中锋队员经常运用的动作方法称作中锋技术。中锋技术在进攻或防守中都具有重要的作用。

随着篮球运动的发展和技术、战术水平的提高，更加显示了中锋队员和中锋技术的特殊性和重要地位。由于中锋队员的身体条件、位置选择、活动范围和技术特点，决定了中锋队员是场内高度、速度的代表；是投篮得分和抢篮板球最多的人物；是组织各种战术的灵魂、桥梁和通道；是进攻的重点和防守的最后一道防线；是最容易犯规和使对方犯规的关键角色。

现代篮球比赛千变万化、对抗性强，中锋队员单靠身材高大不能适应比赛的需要。中锋队员必须是既具备身材高大、体质强健，又具备良好的身体素质（即跑得快、跳得高、力量足、灵敏性好）；既具有坚强的意志和勇猛顽强的作风，又具有全面、熟练的技术和能攻善守的意识。中锋技术分进攻与防守两个方面，本章仅叙述其特点、教学与训练理论及方法等问题。

（二）中锋进攻技术教学

1. 特点与要求

中锋队员在进攻中不仅要具有高超的个人得分的技巧，而且还要具有善于拼抢篮板球的技术和良好的战术意识，以及组织全队配合的能力。中锋队员在篮下是以背对、侧对球篮站位为主，必须掌握接球转身投篮、突破，以及各种隐蔽传球技术。

中锋队员在篮下移动距离短、攻守贴得紧，身体接触频繁，要求中锋队员必须全面掌握过硬的基本技术、动作变化要多、技术衔接要快、动作突然性强并具有抗干扰的能力。

中锋队员的摆脱移动、选位接球是随球的转移位置、方向、时机而动，有的放矢、攻击对手。

2. 进攻技术

（1）移动

中锋队员在进攻中的移动技术是最基本而又最重要的技术。它是中锋技术的基础，直接影响着中锋技术的发挥和战术配合的质量。

中锋队员进攻移动的路线有横直线、纵直线、折线、弧线和向外线移动等。中锋移动的时机、路线、方向，应根据同伴位置、传球方向、时间以及防守队员的条件而定。其移动的范围小、距离短，所以要求起动突然快速、方向多变、积极抢占有利的位置获球，以达进攻的目的。

（2）投篮

中锋队员在篮下活动，其投篮点离球篮近，对抗性强烈，多是背向或侧向球篮抢位接球投篮。中锋投篮时机一是随接球动作立即投篮；二是接到球后结合假动作投篮。其投篮方式的选择和运用应根据接球的时间、位置和防守队员的条件而确定。有挤投、跳起投、跨步投篮、前（后）转身跳起投篮，后仰投篮、跳起转身投篮、勾手投篮、补篮、扣篮、突破投篮等。

（3）策应

中锋队员在篮下摆脱接球后的策应技术有三种机会，一是投篮；二是传球给向篮下切入或摆脱对手的同伴投篮；三是用高手向外线转移球，创造三分投篮机会。中锋队员策应时，要根据同队队员的位置、传球方向、高度、速度决定自己的接球动作，接球后利用身体和两臂保护球，并利用身体的感觉和眼睛的余光来判断防守队员的位置、距离和行动。与此同时，注意个人和同队队员的进攻机会，及时合理地选择巧妙的、隐蔽的传球方式，准确地将球传给同伴投篮或转移。

（4）掩护

中锋队员在篮下可给另一中锋队员做掩护，也可向外线跑动给外线队员做掩护，创造进攻机会。中锋队员掩护后必须立即转身面向球篮参加进攻。

（5）抢篮板球

中锋队员所处的位置是场上争夺最激烈的中心，是拼抢篮板球主要区域。中锋必须积极摆脱抢占位置，快速及时起跳、抢占制高点、获球补篮、投篮或转移组织进攻。

3. 易出现的错误及纠正方法

（1）移动抢位时有挤、推、拉、顶、撞动作，造成犯规。

纠正方法：可结合规则学习和训练，强调掌握和运用正确的中锋技术。开始先在慢速中练习，帮助掌握正确的技术规格，逐渐加大难度，提高技术，克服犯规的错误。

（2）移动时机不及时，盲目乱动，失去进攻威力。

纠正方法：重复讲解中锋队员移动的特点、方法、点，使之充分认识中锋移动的及时、快速、合理是接球进攻和战术质量的关键环节。可采用二人在外线传接球，教师做中锋示范合理移动与不合理移动，使大家进一步明确掌握移动时机和方法。

（3）中锋接球后转身时，中枢脚移动（滑动），造成违例。

纠正方法：教师或教练重复讲解、示范接球做前（后）转身时确定中枢脚的方法和规则要求。教师或教练可做消极防守，帮助中锋练习，经常提醒注意中枢脚移动的错误。练习由慢到快、由无防守到有防守、由转身到结合其他技术等综合技术练习。

（4）移动时起动速度慢，突然性差，缺乏假动作。

纠正方法：教学与训练中应反复强调中锋移动时起动速度、突然性以及合理运用假动作的重要性和方法，这是抢占有利攻击位置的必备条件。训练中教师可给中锋队员施加推、拉的力量或给以语言信号刺激的方法，帮助突然快速起动，并强调运用假动作摆脱对手去抢占有利的位置。

（5）投篮时动作过猛、过大，或有附加动作，造成撞人犯规。

纠正方法：教学与训练中，中锋队员首先要在全面掌握投篮技术的基础上，再结合中锋投篮特点进行特殊训练。训练时结合规则，强调技术规范，帮助克服撞人犯规的错误。

（6）移动抢位接球不稳、不注意保护球。

纠正方法：教师或教练再次示范接球及保护球的方法。可采用外线二人传球，篮下中锋一攻一守，当球传给中锋进攻时，教师或教练可帮助防守者去抢、打中锋手中的球，借以提高中锋接球和保护球的能力。

4. 教学与训练建议

（1）中锋队员应在全面掌握投篮技术的基础上，重点提高适合自身特点的几种投篮方式。并应加强弱手投篮训练和在不同位置方向与其他技术相结合创造投篮机会的训练。

（2）教学与训练中首先应反复讲解中锋队员和中锋技术在篮球比赛中的作用和技术特点。教育和激发他们学习的积极性。其次是帮助学习和掌握正确的、实用的技术。

（3）培养中锋队员具有快攻意识和快攻技术，力争参加快攻战术，提高全队进攻速度。

(4) 教学与训练中应特别注意加强中锋移动时起动的突然性、实效性和速度，以及移动时的假动作和方向、路线变化的训练和提高。

(5) 在中锋策应技术的教学与训练中，应加强中锋控制球与保护球能力、个人进攻与创造同伴进攻能力、掩护和继续进攻能力以及抢篮板球能力的训练和提高。

(6) 教学与训练应狠抓中锋移动目的、时机、方向、路线、抢位、接球、传球以及与外线队员协调配合技术的训练和提高。

(三) 中锋防守技术教学

1. 特点与要求

中锋队员防守的位置处于篮下，而范围小、距离短。要求防守时必须及时做出准确判断、快速移动，坚决果断采取措施，否则防守失败。

中锋队员防守时是处在场上五名队员位置的中心，要求防守中善于观察判断，树立积极防守的意识，并能协助同伴完成全队的防守任务。

中锋队员的防守是最后一道防线，攻守争夺最为激烈，防守时要主动、积极抢占有利的位置，堵截对手的移动路线，防止接球和投篮。

中锋队员防守时应积极参与拼抢篮板球，他是由防守转入进攻（快攻）的第一传发动者。中锋队员防守时，与对手身体接触频繁，容易造成犯规。

2. 防守技术

(1) 防守有球的中锋

中锋在进攻时获得球（即有球的中锋），防守有球的中锋时防守者应站在对手与球篮之间有利的位置上，根据中锋进攻位置、技术特点，采用有针对性的防守策略和方法。

①防投篮

当对手获球准备投篮时，防守者一方面要离对手近一些，用举起手臂的动作积极干扰和封盖投篮；另一方面要准确判断对手是跳起投篮或是转身跳起投篮，并及时运用滑步、上步和跳起封盖投篮，落地后立即转身挡住对手，拼抢篮板球，在跳起封盖投篮时，不要被对手的假动作所迷惑，而盲目地起跳，造成防守失败。

②防持球突破

防守队员应与对手保持一臂的距离，两脚平行开立，重心下降，两臂伸展。当对手利用转身突破时，防守队员应先向其突破的方向横滑步，堵住其突破路线，迫使改变原来动作的意图，造成进攻的困难。

③抢、打、封球

当中锋接球转身或做假动作时，防守者应准确判断，寻找时机抢、打、封对手手中的球，切忌打手犯规。

④防策应

防守队员应根据对手策应位置和进攻配合，选择合理的防守位置。当对手策应传球时，应准确判断传球时间、距离、方向，位置，主动贴近对手挥动两臂，积极干扰其传球。当对手传球出手时，要及时调整防守位置转身挡住对手，防止其接回传球向篮下切入进攻与抢篮板球，并随时准备断球。

⑤抢篮板球

抢篮板球是防守有球中锋的重要技术之一，中锋有球进攻时处于篮下，如果防守技术好，对对方威胁大，会降低其投篮命率，其抢篮板球的机会就多。要求采用先挡后抢、转身挡人抢并与同伴配合拼抢篮板球。一旦抢获篮板球立即发动快攻。

（2）防守无球的中锋

防守无球的中锋时，应根据外线进攻队员传球的时间、方向、距离、位置，采取合理的脚步移动和手臂动作，去抢占正确的防守位置，积极地堵截中锋进攻的移动路线，防止和减少其接球进攻。其防守方法如下。

①选择位置

A. 防守强侧中锋时的选位。进攻中锋位于与球同侧（即强侧）时的防守选位有如下几种方法。

方法一：当进攻中锋距离球篮较近时，防守者应站在进攻中锋的侧前方，防止他的移动路线和封堵接球。方法二：当进攻中锋距离球篮稍远时，防守者可站在进攻中锋的侧面，积极干扰和封堵接球与向篮下移动。方法三：当进攻中锋在篮下端线处的位置，而球又在边线与端线处。此时防守者站在对手的侧前或后方，积极干扰和封堵接球，并防止向篮下移动。方法四：当进攻中锋处于罚球线以外时，防守者可站在对手的后面，并随球的转移而适当调整位置，积极堵截向篮下移动接球路线。

B. 防守弱侧中锋时的选位。进攻中锋位于与球异侧（即弱侧）时的防守选位有以下几种方法。

方法一：当球在罚球线以外的右侧，进攻中锋在左侧罚球线附近，防守者应选择在罚球线附近人球兼顾的防守位置，既要能堵住对手向篮下移动路线，又要封堵和断获对方的传球。方法二：当球在罚球线以外的右侧，进攻中锋在左侧篮下，防守者应选择在人球兼顾的防守位置。既能堵住对手向限制区移动接球路线，又能堵截传向对手的球。方法三：当球在罚球线延长线附近的右侧，进攻中锋在左侧篮下。防守者应选择在篮下人球兼顾的防守位置，既要堵截对手的移动接球路线，又要封堵和断获对方的传球。方法四：当球在球场右侧底角，进攻中锋在左侧篮下。防守者应选择在篮下人球兼顾的防守位置。既要封堵对手移动接球，又要堵截和断获对方的传球。

②移动与调整防守位置。防守无球的中锋时，一方面必须位置正确、合理，另一方面要积极移动和调整防守位置，其方法是根据外线进攻队员传球的时间、距离、方向、位置以及中锋进攻时的位置和距离球篮的远近而积极快速移动和调整。常运用的步法有滑步、攻击步、后撤步、绕前步、绕后步、交叉换步、跑步等。防守移动的要求是防守选位与移动相结合，起动与堵截相结合，抢位与堵截相结合，堵截与断球相结合，堵截抢位与抢、打球相结合，堵截抢位与抢篮板球相结合等，使之始终处于人球兼顾的具有攻击性的防守位置上。

③断球与抢球。防守无球的中锋要善于观察判断，把握时机，勇猛顽强地进行断球。如果进攻中锋一旦获得球，防守者应当准确地进行抢、打、封球，阻止进攻。

④协防与补防。中锋队员一般是身材高大，技术全面，防守时处于篮下，应具备协防和补防意识和技术。要求准确判断及时移动，合理协防与补防。

⑤防守掩护（破坏掩护）。进攻队中锋运用掩护进攻时，防守者可采用交换防守配合，或者提醒同队防守者调整防守位置破坏掩护配合。

⑥抢篮板球与反击。抢篮板球是防守无球中锋的主要技术之一，抢篮板球时是利用前（后）转身挡人，空中拼抢。若抢得篮板球应立即发动快攻。

3. 易出现的错误及纠正方法

（1）防守中锋的选择位置距离太近或太远，造成防守失利。

纠正方法：重复讲解中锋进攻的特点和对无球中锋与有球中锋防守位置选择的要求。教师或教练员可做防守选择位置的方法示范，强调位置、距离。在组织训练时，教师或教练员可站在正确的防守位置处，借以使之进一步认识和掌握正确的防守距离。

（2）防守中锋的移动速度慢，失去正确的防守位置。

纠正方法：应加强中锋防守的脚步动作训练，如组织滑步、攻击步、后撤步、绕前步、绕后步、交叉换步等的训练，提高脚步移动的灵活性和速度。可多组织攻守结合的训练，对进攻与防守都提出不同的要求或者采用给以信号刺激的方法，如“快上”“快下”等，帮助提高移动速度，使之始终能保持合理正确的防守位置。

（3）防守无球的中锋时，只顾人不顾球或只顾球不顾人。

纠正方法：进一步讲解无球中锋进攻的特点和技术，说明防守时人球兼顾的重要性和必要性。可组织外线进攻队员传球，一人做中锋进攻，另一人做防守。训练由慢到快，由协作到对抗。训练中教师可发出“注意人”或“注意球”的语言信号，帮助培养防守时人球兼顾的意识和技术。

（4）防守有球的中锋时，盲目地抢、打球，造成犯规。

纠正方法：重复讲解防守有球的中锋的要求、方法和运用正确抢、打球的时机、技术、方法。运用抢、打球体现了防守的积极性。但必须在判断准确的同时，及时移动抢占位置，善于运用假动作，抓住时机果断行动。否则造成犯规，失去防守的积极意义。可组织一防一的训练，训练中提醒什么情况下抢、打球，通过反复的训练，培养抢、打球的能力和提高技术。

（5）协防和补防意识差，技术动作过猛或迟疑，造成犯规和漏防

纠正方法：讲解中锋防守是在篮下、是最后一道防线。要求全面观察，具备协防和补防的意识和技术。训练中教师或教练员可采用语言提示的方法。如“协防”“补防”“封盖”等。借以帮助培养协防和补防意识和掌握正确、合理的技术。

（6）防守中抢到篮板球缺乏保护球的能力和进攻意识，造成失误

纠正方法：讲解和训练抢得篮板球后，保护球的技术、方法，以及转入进攻的意识。训练中可采用二人封堵防守中抢到篮板球的中锋队员，帮助其掌握和提高技术，树立由守转攻的意识。

4．教学与训练建议

（1）教学与训练中应向学生或队员讲解中锋防守技术的重要性和技术特点。教育他们认真全面学习和掌握防守技术和方法，培养勇猛顽强的意志品质，树立积极防守的思想。

（2）在中锋防守技术的教学与训练中，应加强观察判断能力、快速移动能力、积极抢占位置能力、封盖投篮技术能力和协防与补防能力的培养与提高。

（3）在中锋防守技术的教学与训练中，应注意培养善于根据对手的特点、位置和变化，及时采用相应的防守对策。同时要注意培养与同伴的协

同配合。

（4）在中锋防守技术的教学与训练中，应多组织选择与抢占合理防守位置、堵截对手的移动路线、封堵其接球或断球、封盖投篮与堵截突破和抢篮板球以及发动快攻等技术的训练和提高。

（5）中锋防守技术的教学与训练，应与身体、技术、战术、抢篮板球等训练紧密结合进行。培养其积极防守意识和提高运用技术的效果和战术质量。

（6）中锋防守技术的教学与训练，是在中锋进攻技术帮助下进行的，可采用由协作性到对抗性的训练方法或采用给予条件限制的特殊训练方法，加强攻守对抗性的训练，促进提高攻守技术。

（四）中锋技术训练

篮球运动中的中锋队员和中锋技术是个特殊而又重要的角色和技术。是一个球队的中坚力量、核心人物、组织战术的灵魂。中锋队员的条件、心理素质、身体素质、技术和战术意识的好或差，将对战术质量、战术变化和比赛成绩起着一定的作用和影响。为此，应当引起我们更加重视对中锋队员和中锋技术的训练。现将我们使用的训练方法介绍如下。

1. 中锋投篮练习

（1）接同侧球投篮练习（图 5－1－11）

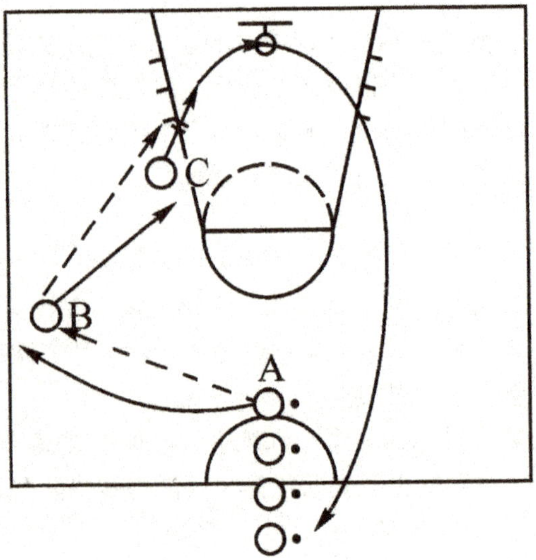

图 5－1－11

方法：如图5－1－11所示，A组每人持一球，A传B，B传C投篮。练习结束按顺时针换位。

（2）移动中接同侧球投篮练习（图5－1－12）

方法：如图5－1－12所示，A组每人持一球，A传B，B传给移动中的C投篮。练习结束按顺时针换位。

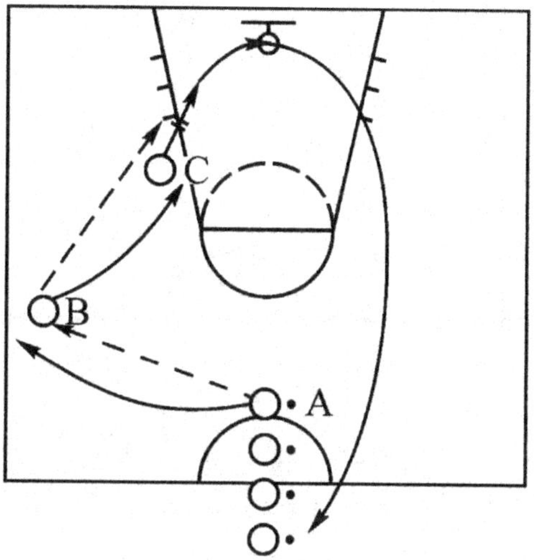

图5－1－12

（3）直线（横向）移动接球投篮练习（图5－1－13）

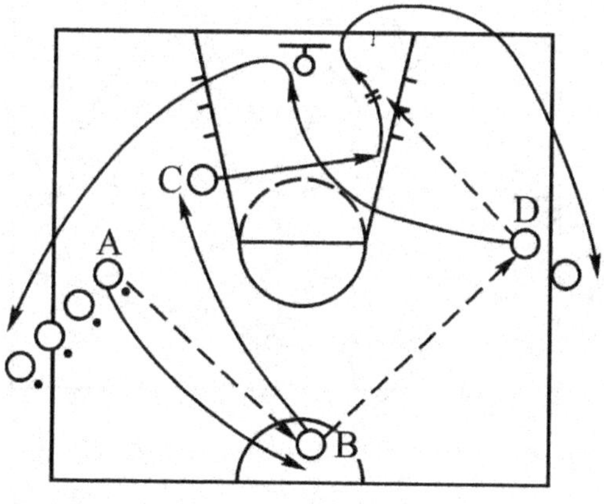

图5－1－13

方法：如图5－1－13所示，A组每人持一球，A传B，B传D，D传给横向移动的C投篮。练习结束按A→B→C→D→A的方向交换位置。

（4）折线移动接球投篮练习一（图5－1－14）

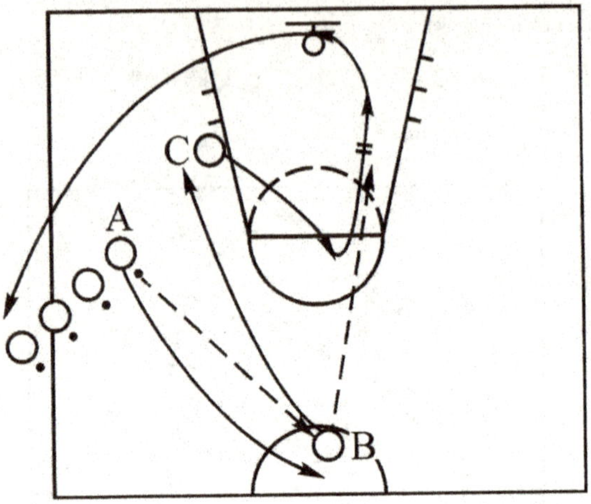

图5－1－14

方法：如图5－1－14所示，A组每人持一球，A传B，B传给折线移动的C投篮。练习结束按A→B→C→A的方向交换位置。

（5）折线移动接球投篮练习二（图5－1－15）

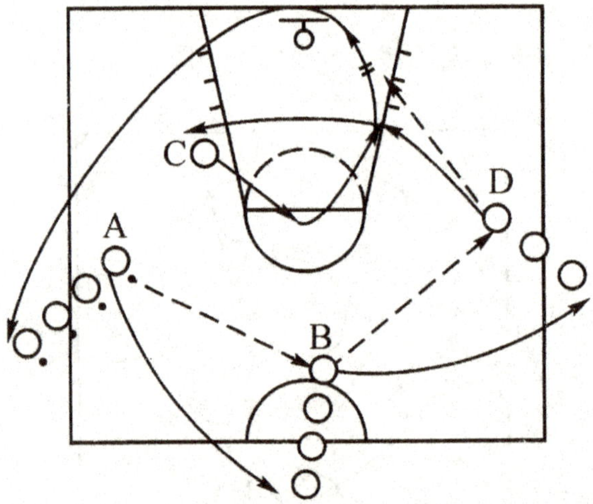

图5－1－15

方法：如图5－1－15所示，A组每人持一球，A传B，B传D，D传给做折线移动的C投篮。练习结束按逆时针换位。

（6）中锋配合投篮练习（图 5－1－16）

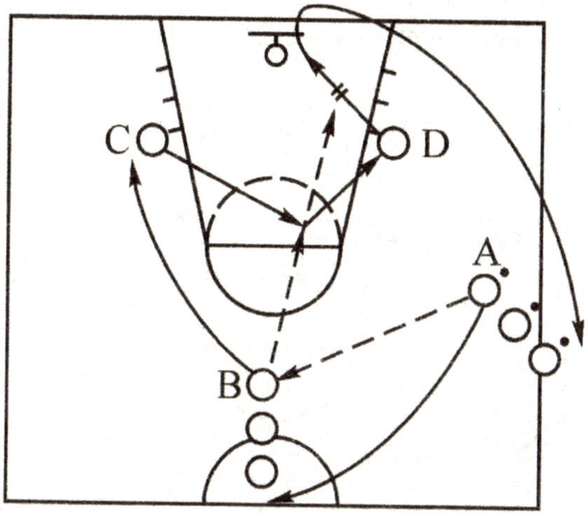

图 5－1－16

方法：如图 5－1－16 所示，A 组每人持一球，A 传 B，B 传 C，C 传 D（中锋）投篮。练习结束按顺时针换位。

2. 中锋移动练习

提示：中锋移动的路线和时机，应根据外线队员的传球位置、方向、时间以及防守队员的位置来决定。要求做到“球到人到，人到球到”。

（1）直线（横向）移动练习（图 5－1－17）

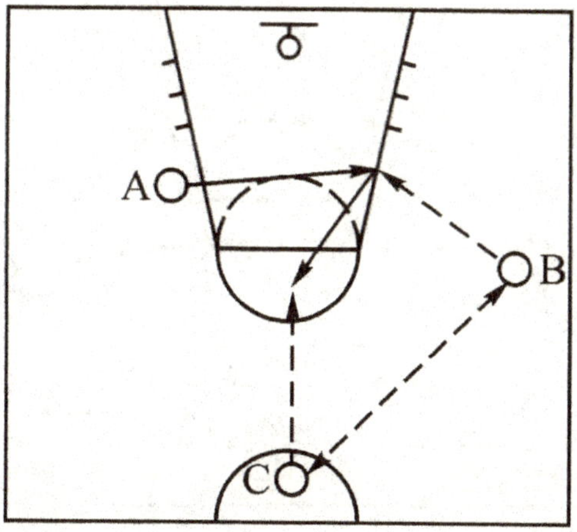

图 5－1－17

方法：如图 5－1－17 所示，C 与 B 外线队员相互传球，A（中锋）随着 C 与 B 的传球变化做移动练习。

（2）折线移动练习（图 5－1－18）

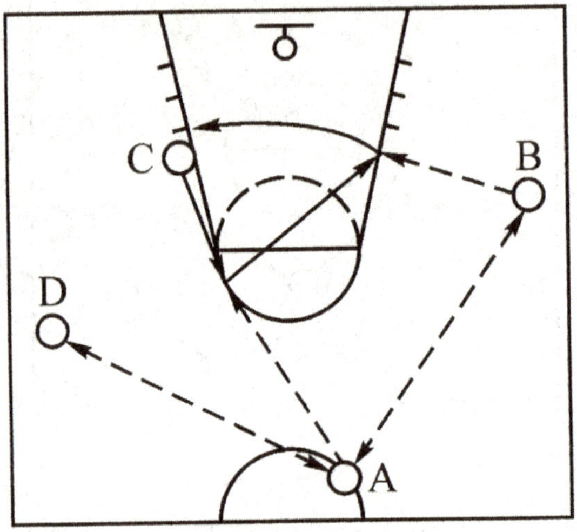

图 5－1－18

方法：如图 5－1－18 所示，A、B、D 三队员在外线相互传球，C（中锋）随传球的变化做移动练习。

（3）弧线移动练习（图 5－1－19）

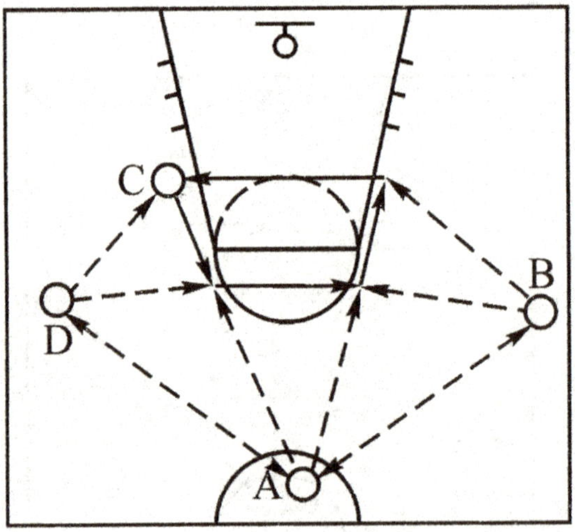

图 5－1－19

方法：如图 5－1－19 所示，A、B、D 三队员在外线相互传球，C（中锋）随着传球的变化做移动练习。

（4）向外线移动练习（图 5－1－20）

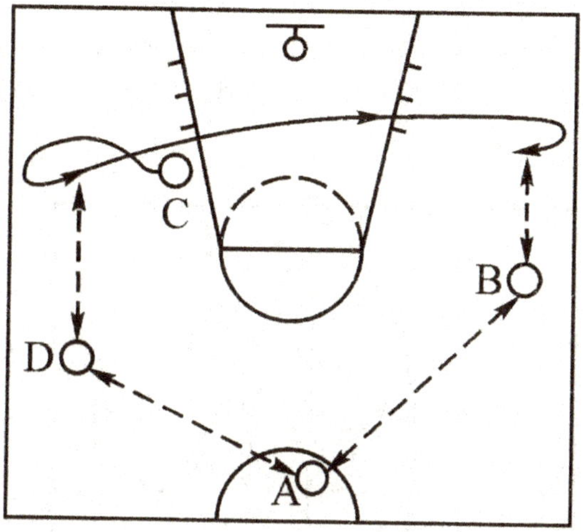

图 5－1－20

方法：如图 5－1－20 所示，A、B、D 三队员在外线相互传球，C（中锋）随传球变化做移动练习。

3. 突分与中锋投篮练习

（1）突分与中锋投篮练习一（图 5－1－21）

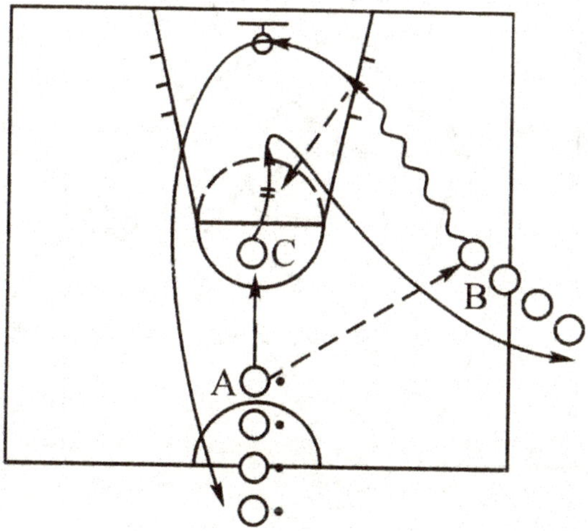

图 5－1－21

方法：如图5－1－21所示，A组每人持一球，A传B，B快速突破中将球分（传）给罚球线处的中锋C投篮。练习结束按A→C→B→A的方向交换位置。

（2）突分与中锋投篮练习二（图5－1－22）

方法：如图5－1－22所示，A组每人持一球，A传B，B快速突破中将球分（传）给向篮下移动的中锋C投篮。练习结束按A→C→B→A方向交换位置。

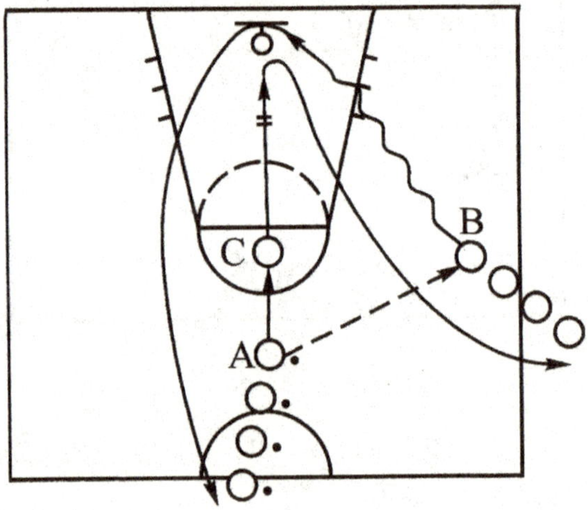

图5－1－22

（3）突分与中锋投篮练习三（图5－1－23）

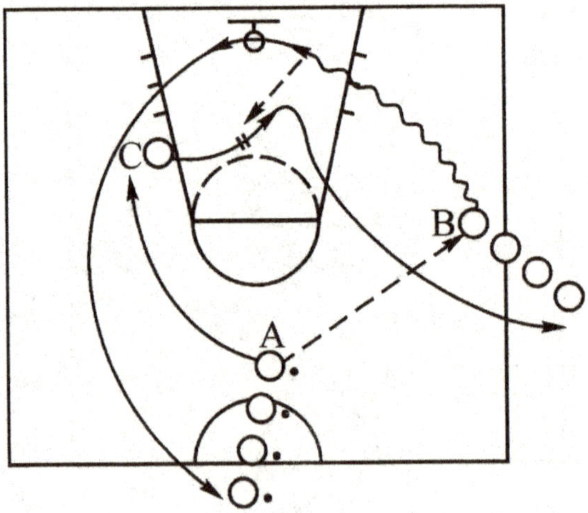

图5－1－23

方法：如图 5－1－23 所示，A 组每人持一球，A 传 B，B 快速突破中将球分（传）给向篮下移动的中锋 C 投篮。练习结束按 A→C→B→A 方向交换位置。

（4）突分与中锋投篮练习四（图 5－1－24）

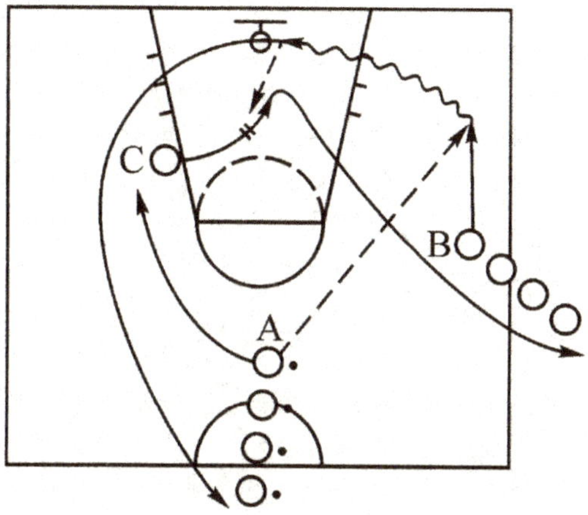

图 5－1－24

方法：如图 5－1－24 所示，A 组每人持一球，A 将球传给向底线移动的 B，B 接球快速突破中将球分（传）给向篮下移动的中锋 C 投篮。练习结束按 A→C→B→A 方向交换位置。

4．中锋策应配合练习

（1）中锋策应配合练习一（图 5－1－25）

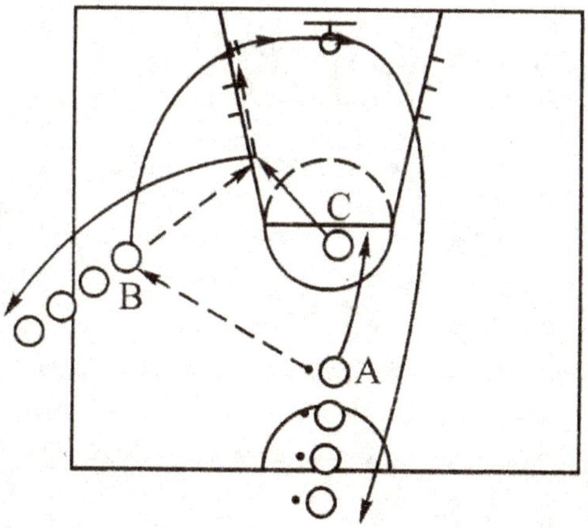

图 5－1－25

方法：如图 5 -1 -25 所示，A 组每人持一球，A 传 B，B 传 C，C 策应传给 B 投篮。练习结束按逆时针换位。

（2）中锋策应配合练习二（图 5 -1 -26）

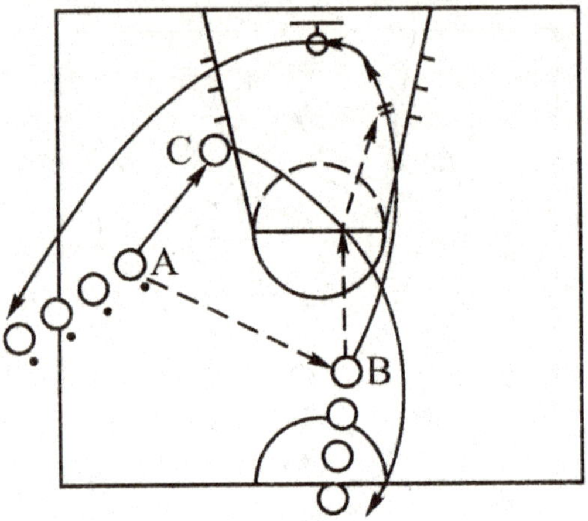

图 5 -1 -26

方法：如图 5 -1 -26 所示，A 组每人持一球，A 传 B，B 传 C，C 策应传给 B 投篮。练习结束按顺时针换位。

（3）中锋策应配合练习三（图 5 -1 -27）

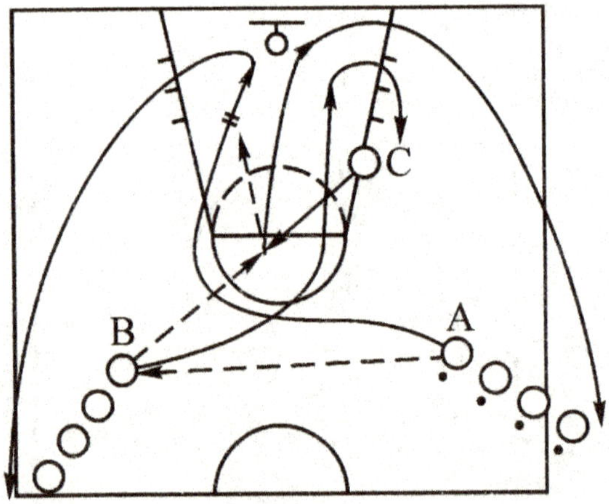

图 5 -1 -27

方法：如图 5 -1 -27 所示，A 组每人持一球，A 传 B，B 传 C，A 与 B 以 C 为中心交叉空切去接 C 的传球投篮。练习结束按顺时针换位。

（4）中锋策应配合练习四（图 5－1－28）

方法：如图 5－1－28 所示，A 组每人持一球，A 传 B，B 传 D，D 传 C，B 与 D 以 C 为中心交叉空切去接 C 的传球投篮。练习结束按逆时针换位。

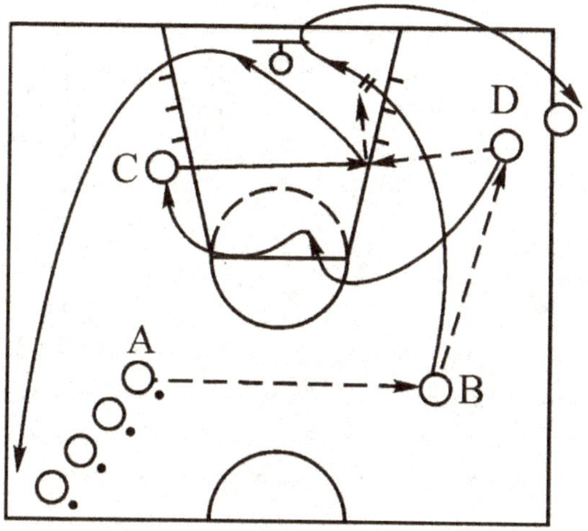

图 5－1－28

5．中锋掩护配合练习

（1）中锋掩护配合练习一（图 5－1－29）

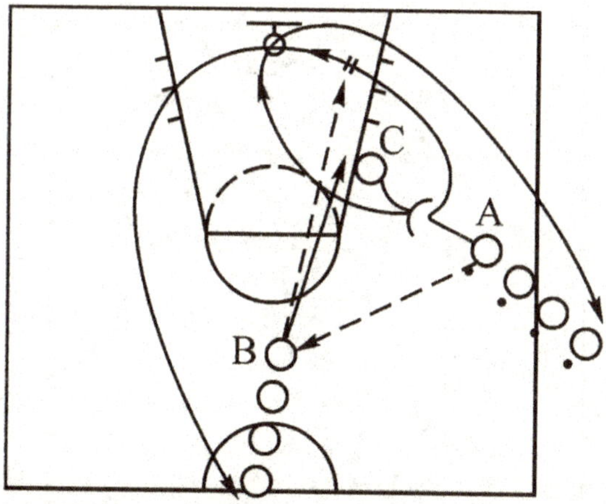

图 5－1－29

方法：如图 5－1－29 所示，A 组每人持一球，A 传 B，C 给 A 做掩护让 A 向篮下空切接 B 的传球投篮。练习结束按 A→B→C→A 的方向交换位置。

（2）中锋掩护配合练习二（图 5－1－30）

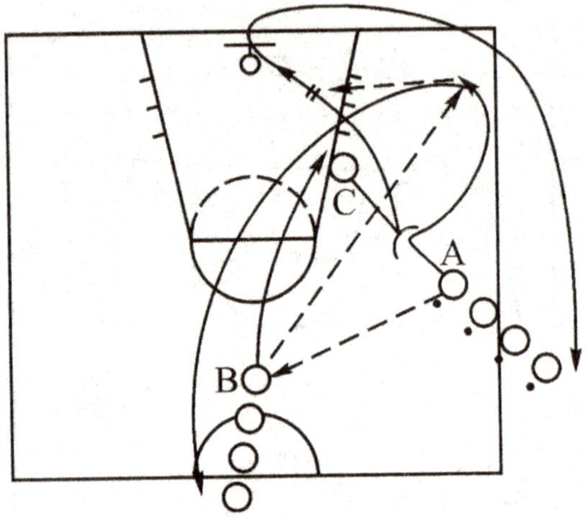

图 5－1－30

方法：如图 5－1－30 所示，A 组每人持一球，A 传 B，C 给 A 做掩护让 A 向底线移动接 B 的传球，C 掩护后转身向篮下移动接 A 的传球投篮。练习结束按 A→B→C→A 方向交换位置。

（3）中锋掩护配合练习三（图 5－1－31）

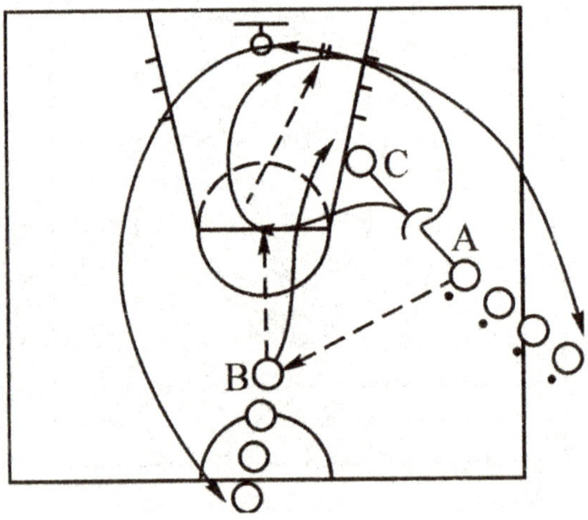

图 5－1－31

方法：如图 5－1－31 所示，A 组每人持一球，A 传 B，C 给 A 做掩护让 A 向篮下空切，C 掩护后转身（横向）移动去接 B 的传球并分（传）给 A 投篮。练习结束按 A→B→C→A 方向交换位置。

（4）中锋掩护配合练习四（图 5－1－32）

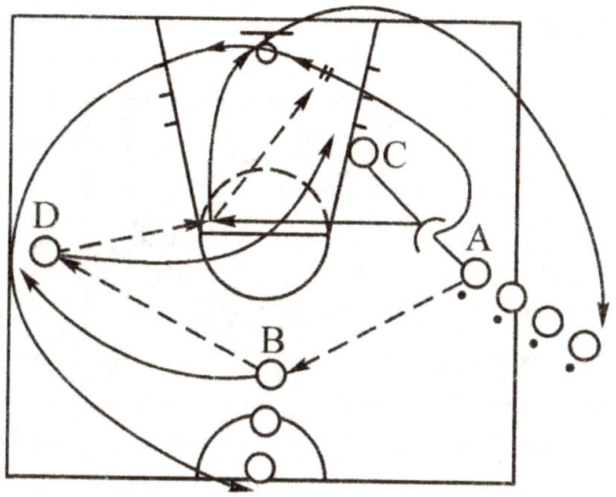

图 5－1－32

方法：如图 5－1－32 所示，A 组每人持一球，A 传 B，B 传 D，C 给 A 做掩护让 A 向篮下空切，C 掩护后转身（横向）移动去接 D 的传球并分（传）给 A 投篮，练习结束。

重点提示：

（1）中锋队员的进攻技术与配合练习后，可增加防守队员，帮助中锋队员练习防守技术（以防守技术与配合为主）。

（2）中锋队员的进攻与防守技术练习后，可组织攻守对抗性的训练，增强对抗意识，促使进攻与防守技术的共同提高。

第二节 篮球运动的战术教学实践

一、进攻战术教学

在篮球比赛中进攻队员两三人之间所组成的简单配合方法就是进攻基础配合。这种方法是组成全队整体进攻战术配合的基础。

因此，要使队员的进攻战术配合能力和战术意识从整体上得到提升，首先必须熟练掌握和灵活运用基础配合。

（一）突分配合

突分配合的灵活性较强，在比赛中的运用也较为广泛。

如图5-2-1所示，④持球从底线突破❹后遇到❻补防时，及时传球给纵插到有利位置的⑤投篮。

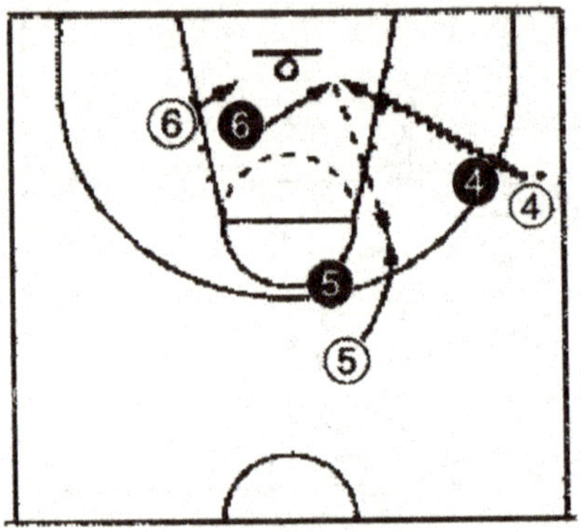

图5-2-1　突分配合

（二）传切配合

传切配合有两种形式，一种是空切配合，另一种是一传一切配合，具体如下：

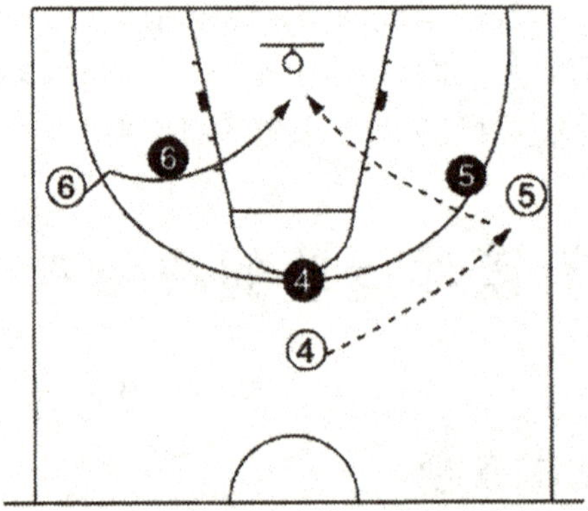

图5-2-2　空切配合

1. 空切配合

④传球给⑤时，⑥乘其对手❻不备之机，突然横切或从底线切向篮下接⑤的传球投篮（图5-2-2）。

2. 一传一切配合

⑤传球给④后，立刻摆脱对手❺向篮下切入，接同伴④的回传球投篮（图5-2-3）。

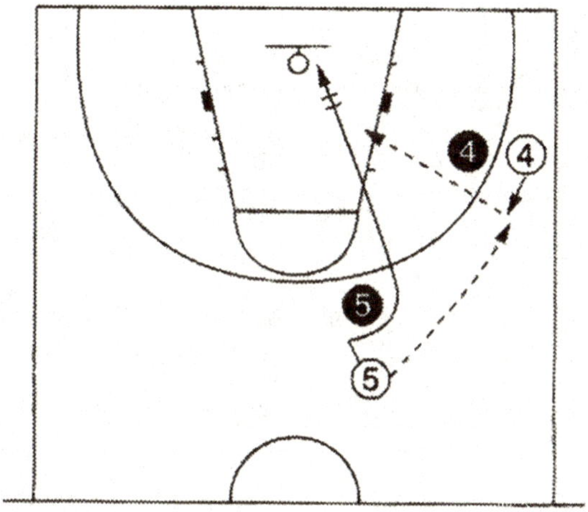

图5-2-3　一传一切配合

（三）掩护配合

这种配合方法的运动形式很多，可以根据场上实际情况进行灵活的调整和变换，下面就对几种运用较为广泛的掩护配合形式进行介绍。

1. 前掩护配合

如图5-2-4所示，⑥跑到❺的前面给⑤做前掩护，⑤利用掩护拉出，接④传来的球投篮或做其他攻击动作。

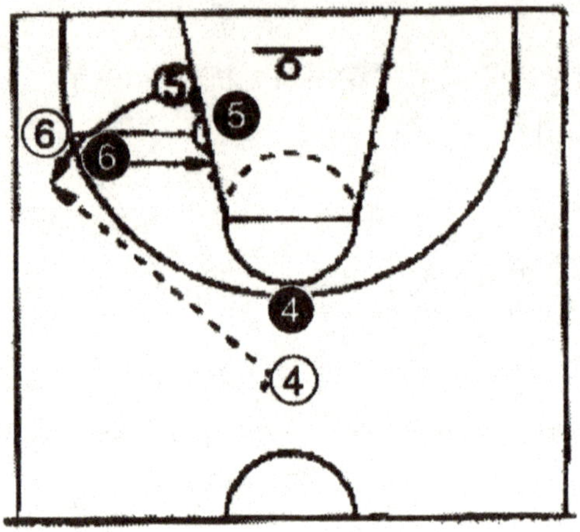

图 5－2－4　前掩护配合

2．侧掩护配合

如图 5－2－5 所示，给持球队员做侧掩护。⑤传球给④后跑到❹的侧面做掩护，④接球后做投篮或突破的动作，吸引❹的防守，当⑤掩护到位时，④持球从❹的右侧突破投篮，⑤掩护后及时移动到有利的位置去接球或抢篮板球。

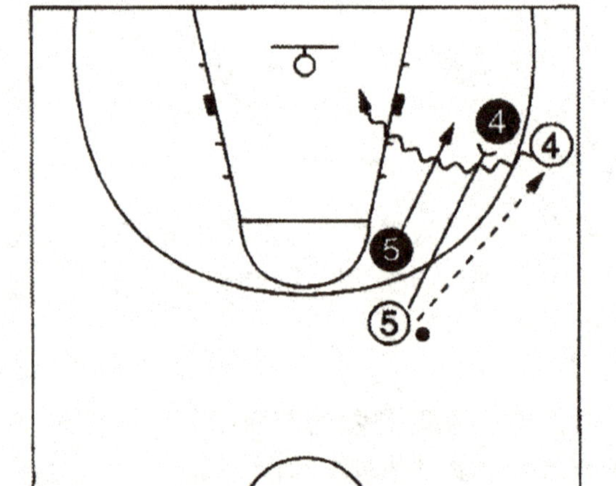

图 5－2－5　持球队员的侧掩护

如图 5－2－6 所示，给无球队员做侧掩护（反掩护），⑤传球给④后即向相反方向跑动给⑥做侧掩护，当⑤跑到⑥侧面掩护位置时，⑥摆脱防守切入篮下接④的传球投篮。

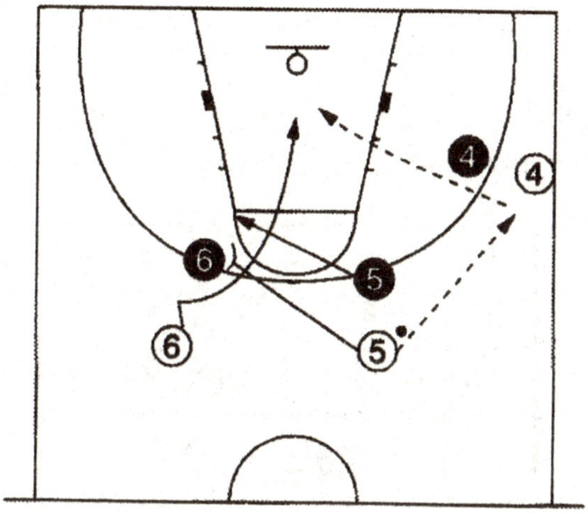

图 5－2－6　无球队员的侧掩护

如图 5－2－7 所示，根据掩护者的移动路线、方法和变化，掩护后经常出现第二次机会。⑤做掩护后对方换防时，④就不向篮下突破而适当向外拉开运球。⑤则及时利用转身把❹挡在身后而向篮下切入，接④的传球投篮。

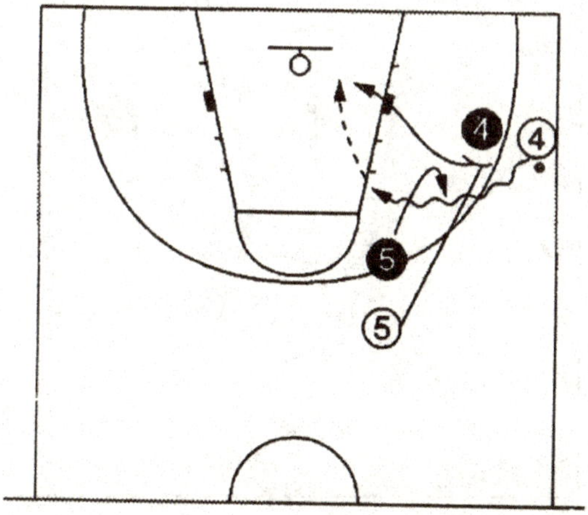

图 5－2－7　侧掩护配合

3. 后掩护配合

后掩护配合是前锋为后卫做后掩护的一种掩护方式。

如图 5－2－8 所示，⑤传球给⑥时，④跑到❺身后给⑤做后掩护，⑤传球后做向左切入假动作吸引❺的防守，当④掩护到位时突然向右侧切入篮下接⑥的传球投篮。

如图 5－2－9 所示，④给⑤做后掩护时，❹与❺换防，④及时转身切向篮下，接⑥的传球投篮（掩护后出现的第二次机会）。

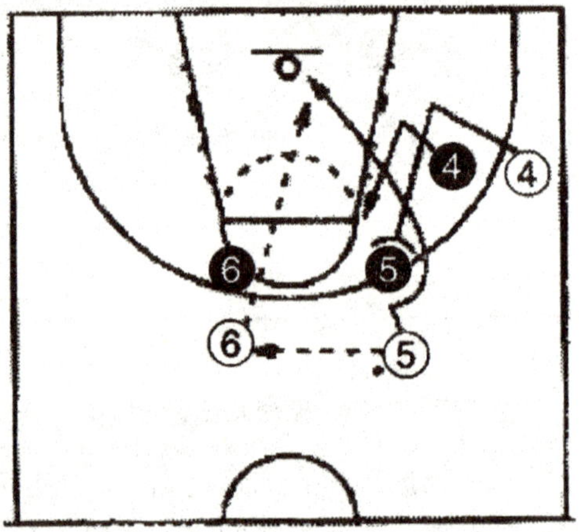

图 5－2－8　后掩护配合（一）

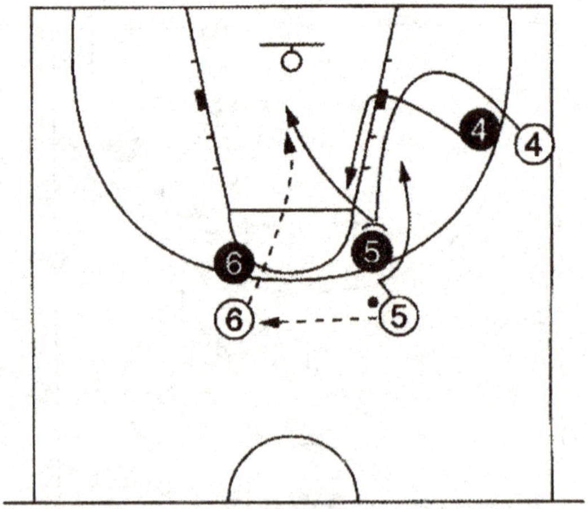

图 5－2－9　后掩护配合（二）

（四）策应配合

一般是高大的中锋采用这个战术，策应配合的运用主要有两种形式，具体如下。

如图 5－2－10 所示，④传球给策应者⑤，并从⑤身边切入篮下，⑥向底线下压后绕出，⑤可将球传给④做篮下进攻或传给⑥外围投篮，也可以自己进攻。

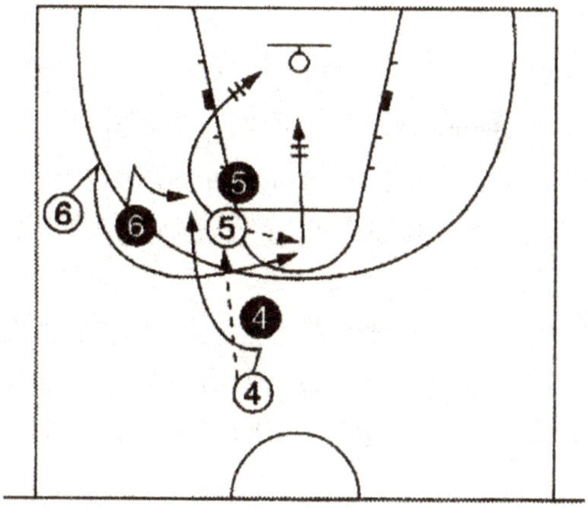

图 5－2－10　策应配合（一）

如图 5－2－11 所示，④摆脱防守插到罚球线做策应，⑤将球传给④，并立即空切篮下，接④的策应传球投篮。

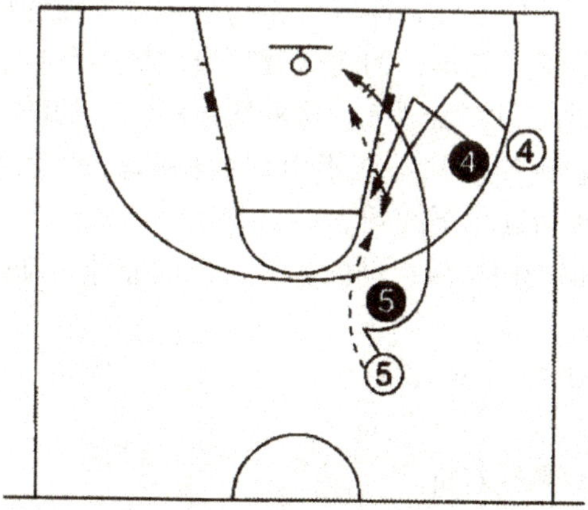

图 5－2－11　策应配合（二）

二、防守战术教学

（一）防守概论

篮球竞赛规则规定，参加比赛的双方力争将球投入对方的球篮，并阻止对方获球和得分，这就说明篮球比赛的过程是进攻与防守相互交替转换的过程。因此，有进攻就必须有防守才可称之为篮球运动，说明防守的重要性和不容轻视。

防守既是进攻的对立面，又是进攻的源泉。在篮球比赛中防守者必须树立积极防守的思想和顽强的意志，并要主动通过抢、打、断球的手段和限制对手的进攻活动去制造失误、违例或投篮不中，力争尽快和更多地获得反击（进攻）的机会。巩固已得分数优势或改变劣势，争取比赛的胜利。

随着篮球运动的发展，防守在篮球运动中的作用和地位愈来愈为人们重视。篮球运动发展先进国家的经验也证明，只有在加强防守训练的基础上，才有可能登上篮球运动的高峰。美国篮球教练认为“表演看进攻，要想赢球看防守”。

1. 防守训练的注意点

多年来，我国篮球界的专家、学者、教练员等都曾为加强防守大声疾呼。通过广大体育工作者和运动员的共同努力多结合我国的实际情况发展起来的紧逼防守已成为我国篮球运动的三大法宝之一，并在国内外的比赛中发挥了重要作用，由于种种原因，我们在防守方面的成功经验没有发扬光大。各级篮球队或各类学校的篮球教学与训练中空喊加强防守训练，并不认真贯彻指导思想和实施训练。这种挂在口头上的防守更为有害，随着篮球运动的发展，这种现象不能不引起我们的极大忧虑。为加强防守训练，应重新认识和研究以下问题。

（1）应当认识当前篮球运动的特点，当前篮球运动的特点表现为以下几点。

①身高和高空优势的尖锐对抗。

②快速（即速度）的尖锐对抗。

③技术全面的尖锐对抗。

④攻与守的尖锐对抗。

⑤身体素质的尖锐对抗。

⑥意志品质和心理素质的尖锐对抗等。

对这些方面重新认识与研究，有利于合理安排和加强防守训练。

（2）应当认识到规则的修改对防守的要求更高，若防守质量不高造成犯规，对方就有可能因此得分，甚至由此而失败，规则是教学与训练的指南，是依据，借以促进，提高防守质量和效果。

（3）应当认识篮球比赛的场地，篮球场地上有前场、后场、端线、中线、限制区、场角区、底角区等。这些场、线、区对防守的训练和防守的效果都起着一定的积极作用。在训练或比赛中都要求设法利用。

（4）应当认识篮球比赛是以球作为主体，有同伴和对手共同参加的活动。因此，只有知己知彼，才能百战不殆。参加比赛者都是有智慧的人，应考虑他们的复杂可变因素，要求随时根据球、人和球篮的位置及战术需要而调整，以利于防住对手以及和同伴的配合。在防守训练和比赛中认识到这些关系，有利于提高防守的积极性和培养防守意识。

（5）应当认识篮球比赛是在规定的时间内进行的，而且还有三秒、五秒、七秒、二十四秒时间规则，要求防守者充分利用规则提供的有利条件，去限制、制约和破坏进攻者的行动和配合，创造更多的进攻（即反攻）机会。

2. 防守训练的重点

篮球运动是一项综合多变、全面对抗的竞赛项目，就防守而言，有它本身的内在规律和特点。不遵循防守的规律和特点，就达不到预期的效果。因此，加强防守训练，提高防守质量，培养防守意识必须注意解决好以下问题。

（1）必须明确指导思想

篮球运动从现象上看，只有进攻才能得分，人们往住只看到进攻这一主要方面，对攻守矛盾在一定条件下的转化却认识不足。当防守已成为矛盾主要方面的时候．还在那里强调进攻，而实际上，没有坚强防守作基础的进攻，很容易被对方的进攻所抵消。由于对此认识不足，所以在实际训练中很少拿出大量的材料来说明防守的重要性，以至于使强调加强防守成为隔靴搔痒。

指导思想明确，在教学与训练的实践中，就应付诸加强防守训练的实际行动。

首先，应克服防守训练枯燥、艰苦、无兴趣的心理障碍，要求从思想上重视防守的积极作用，正确对待防守；

其次，是应合理安排防守训练，改进训练方法，选择多种练习形式，增加练习内容和要求，提高对防守的兴趣和积极性。

（2）必须加强理论研究

重视教材建设以及教练（教师）的培训，切实把攻守平衡的思想贯彻到教学与训练工作中去。在防守的理论研究方面，首先应该认真总结我们的经验。这是我们的宝贵财富，不可让它长期埋没。其次是学习外国的先进经验。学习要有目的性，要结合自己的实际条件和特点，不能盲目地学外国。美国在篮球训练方面总结出“严格技术动作规范，重视防守，强调对抗，培养意识”的经验值得借鉴和研究。再者就是把篮球防守技术的教学训练与运动解剖学、运动生理学、运动心理学相结合，研究防守技术、战术的教学与训练心理状态，培养意志以及各种情况下防守的身体位置、重心平稳、手脚配合、脚步灵活、同伴配合等理论。这样，有了先进的理论去指导实践，才能把篮球运动推向更高的发展阶段。

（3）必须坚持培养勇猛的、顽强的、坚毅的防守意志品质

意志是表现在行动中克服困难、实现既定目的的心理过程。它是人的主观能动性的表现。现代篮球运动从技术、战术的难度和身体接触频繁的特点来讲，对防守意识提出更高的要求，美国篮球教练巴托强调“要敢于摔出去防守”。意思是在防守中要敢于对抗，敢于进行合理的身体接触，变被动为主动，变劣势为优势。

（4）必须强调抓好防守体力的调节和训练

篮球运动的比赛时间长、强度大，对抗强、体力消耗大。体力的好坏与防守能力成正比关系，体力差时防守中出现反应迟钝、配合紊乱、漏洞百出，易犯规，抢、打、断球出现失误或违例等。因此，加强防守必须采取多种多样的训练手段，提高训练的密度和强度，增强体力。作为篮球队的训练还必须抓紧替补队员的训练和培养，保证他们的体力，使整个比赛在高速度、强对抗中进行。

（5）必须坚持狠抓篮球防守基本功的训练

“功到自然成”在体育界已广泛流传和实践，篮球运动要想有所成就，必须坚持抓好篮球防守基本功的训练。

①抓好防守基本姿势的正确性和易动性，使移动身体时蹬、转、撤、跳等动作发挥最佳效能。

②抓好手臂挥动的目的性和合理性。扩大防守空间面积，起到干扰对手的传接球或投篮的作用。

③抓好腰部控制身体重心平衡的能力，特别是在快速移动后重心转换的平衡能力。

④抓好观察判断对手的能力，这在比赛或训练中都是主要的一环，因

为完成任何一个防守动作，都是为了争取时间和空间的主动，所以防守者随时把自己的行动与所感知（即观察）球场上出现的情况（空间和时间，即机会）统一起来，去完成防守任务。

⑤抓好防守的协作配合意识，培养善于根据比赛或训练中的变化情况主动配合，严密合作，发挥防守的最佳效果。

（6）必须坚持抓好有效获球防守训练

篮球规则规定，只有进攻才能得分，积分多者获胜这就规定了进攻在篮球运动中的主导地位。还规定，每结束一次进攻，必须进行一次防守，这就是说进攻与防守的机会是均等的。比赛中如何突破这种平衡，从而达到取胜的目的呢？唯一的办法就是进攻多得分，防守少失分，其关键是要增加有效获球的机会，减少被动获球的次数。从比赛的规律来分析，在防守中一是从抢、打、断球和抢篮板球获球；二是制造对方失误和违例中获得球。这都属于有效积极获球。如若在防守中等待对方投中、罚中后获球就是自然（被动）获球，这将影响比赛成绩。因此，在教学与训练中坚持抓好有效获球防守技术的训练，并要提高质量，破坏平衡，增加有效获球次数。

（7）必须进一步抓好综合性防守战术的训练

篮球进攻战术的发展是多变性、移动性，从而防守战术就出现了综合性、多变性。这种防守战术造成进攻队心理上的不稳定，思想上的不统一，行动上的不一致，限制和破坏了进攻。保证了防守的积极性和效果。因此，在防守战术训练中，应提倡百花齐放，多练几套。发扬各种不同的风格和打法，战术的多样化有助于临场战术的发挥和运用。

（8）必须重视提高和培养篮球（防守）意识

要提高篮球技术、战术质量和运动水平，就应经常注意提高战术意识，培养临场观察和判断能力以及在复杂困难条件下随机应变地运用技术、战术的能力及与同伴配合的能力等。在防守中还要处理好攻守关系，做到攻中有守，守中有攻。不仅要善于使用战术，而且还要善于根据比赛、训练情况的变化，灵活地变换战术。要在千变万化的一刹那，能做出正确的判断，正确地决定自己的行动，并要以己之长，攻彼之短，争取和掌握主动权，以保证防守质量和效果，促进篮球运动水平的提高和发展。

（二）防守掩护配合战术

1. 交换配合战术

下面主要介绍两种在比赛中较为常用的交换配合的战术运用方法。

如图 5－2－12 所示，⑤给④做掩护，❺要主动发出换人信号，及时封堵④向篮下突破的路线，此时❹应及时调整自己的防守位置，防止⑤向篮下空切。

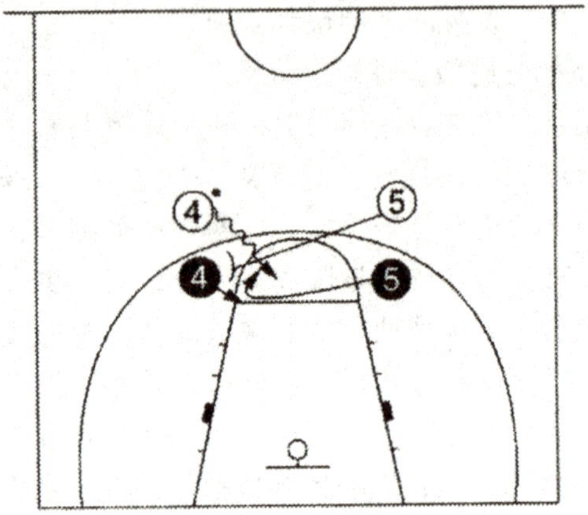

图 5－2－12　交换配合（一）

如图 5－2－13 所示，④传球给⑤后利用⑥的定位掩护切入篮下，此时❻看到❹被掩护住，应主动招呼同伴换防，❻防④在篮下接球，❹调整位置防⑥。

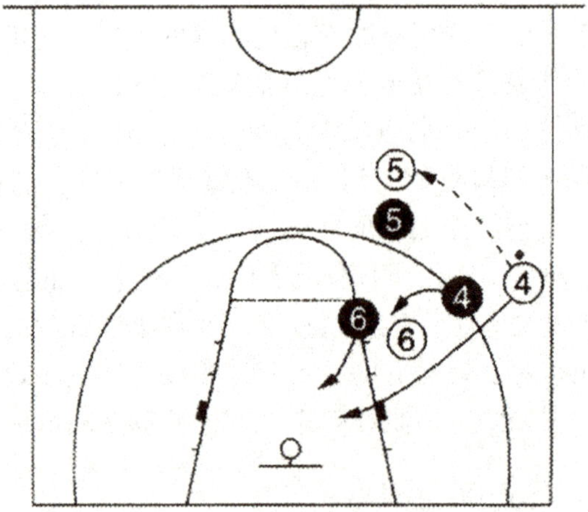

图 5－2－13　交换配合（二）

2. 穿过配合战术

通过穿过配合，能够达到破坏掩护配合、及时防住自己对手的目的。这种配合一般在无投篮威胁时运用，其具体战术运用方法如下。

如图 5 －2 －14 所示，⑤传球给⑥后去给④做掩护，❺要提醒同伴，并离⑤远一点。❹当⑤掩护到位前一刹那主动后撤一步，从⑤和❺中间穿过，继续防守④。

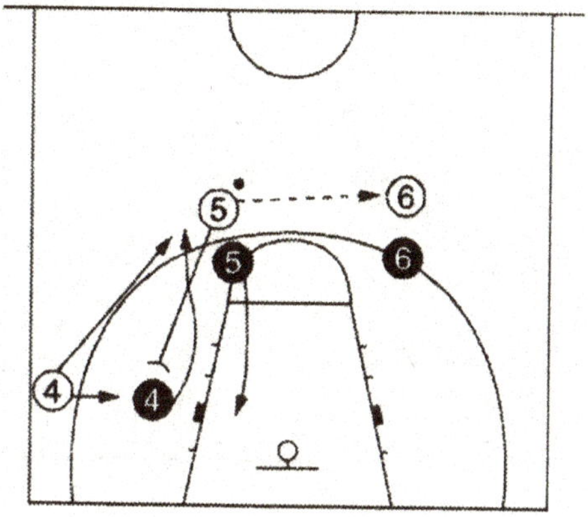

图 5 －2 －14　穿过配合

3. 绕过配合战术

通过绕过配合，能够达到破坏对方掩护配合、及时防守自己对手的目的。下面主要介绍两种在比赛中较为常见的绕过配合的战术运用形式，具体如下。

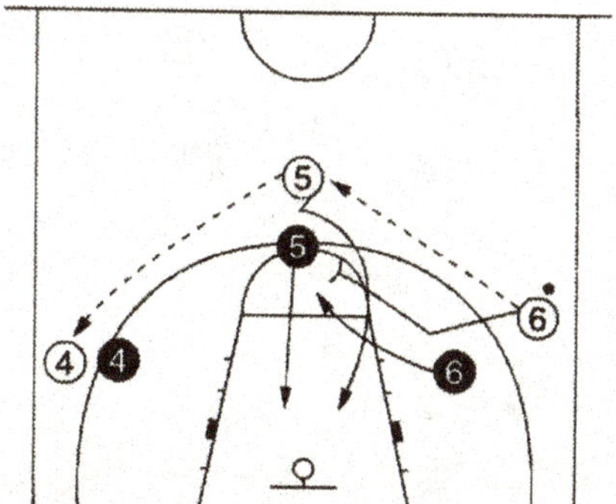

图 5 －2 －15　绕过配合（一）

如图5－2－15所示，⑥传球给⑤并给他做掩护，⑤传球给④后利用⑥的掩护向篮下切入，❺从⑥和❻旁绕过。

如图5－2－16所示，⑤传球给⑥后利用④的掩护切入篮下，❺封堵⑤向内切的路线，迫使其向另一侧切入，此时❹要贴住④，❺从④和❹身旁绕过继续防守⑤。

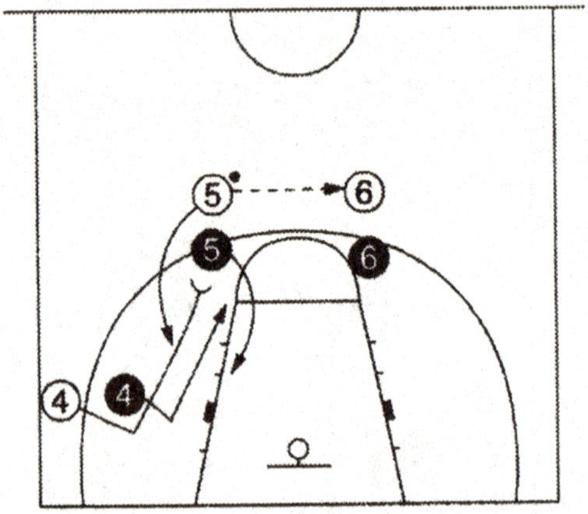

图5－2－16　绕过配合（二）

4. 挤过配合战术

挤过配合是破坏掩护配合的积极有效方法之一。在防守战术中的运用较为广泛。运用得当往往能够取得较为理想的训练效果。

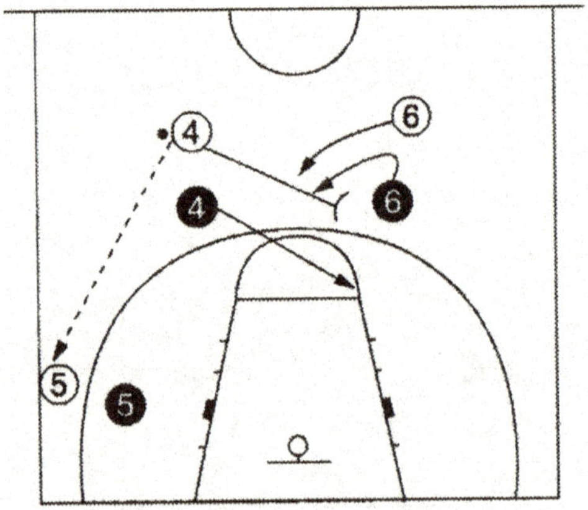

图5－2－17　挤过配合（一）

下面主要介绍两种在此赛中较为常见的挤过配合的战术运用形式。

如图 5－2－17 所示，④传球给⑤后跑去给⑥做掩护，❹发现后要提醒❻注意。❻在④临近的一刹那，迅速抢在④之前继续防守⑥。

如图 5－2－18 所示，⑤接球后向右侧运球，④上前来掩护，此时❹要及时提醒❺，❺在④临近的刹那，迅速靠近⑤，从④和⑤之间抢过，继续防守⑤，❹配合行动。

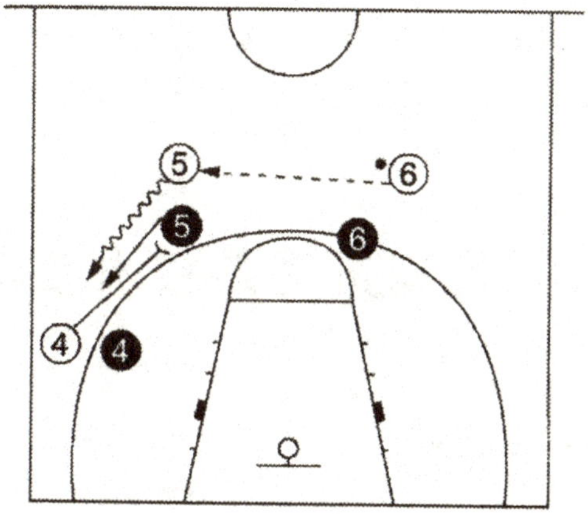

图 5－2－18　挤过配合（二）

第六章　学校体育教学之足球教学

足球运动与篮球运动一样同样是学校体育教学中的重要组成部分，在我们阐述了篮球运动教学的技战术篇之后，我们也有必要对足球的技战术教学进行具体研究，具体如下。

第一节　足球运动的技术教学实践

一、足球运动理论

（一）足球运动技术

1. 足球技术的分类

足球运动的技术种类是非常多的，在众多的技术种类中，一些比较简单的技术是很容易被大家所接受的，但是对于一些难度比较大的技术动作来讲，还需要运动员经过深刻的学习和刻苦的训练之后才能真正掌握。另外来讲，在掌握到良好的技术之后，还需要在适当的时机把这些技术加以运用，只有这样才能够在真正的比赛中取得良好的比赛成绩。

我们可以根据球员在场上的分工以及比赛过程中跑位的变化，将足球运动员的技术分为锋卫队员技术和守门员技术两个种类。但是，无论是什么类型的技术，运动员在进行足球比赛的时候一定要全面结合足球运动的技术动作，并且还要兼顾诸多无球动作，所以，足球技术又可分为有球技术和无球技术两种类型（图 6－1－1）

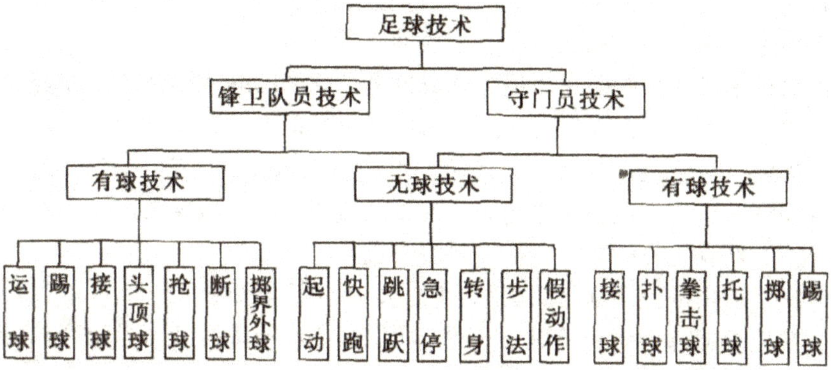

图6－1－1　足球技术

2. 足球技术的概念

足球运动技术是人们在日常的训练和比赛过程中逐渐积累起来的，是一个长期的积累过程，足球运动员在比赛中所有能够用到的动作，我们称之为足球运动的技术。

随着社会的不断进步与发展，足球技术已经有了长足的进步，并且这种进步的形式已经呈现出了更快的趋势，运动员们为了赢得比赛的胜利，在平时的训练中都要遵循一种原则，那就是需要兼顾进攻与防守两个方面，更要注重与队友之间的相互配合。当运动员熟练掌握足球运动技术的前提下，才有可能执行教练员对于球员的战术安排，没有过硬的足球技术是不能完成战术安排的，并且足球运动的技术和战术之间是相互促进的，技术的提高能够促进战术的提高，战术的提高又能增加技术的水平，两者之间的都是完成对方任务的首要条件。

现代足球比赛中，进攻与防守之间的转变是非常快的，而现在的战术打法也更加趋同于全攻全守，场上球员的职责也变得越来越模糊，这对进攻与防守的技术也都提出了比较高的要求。所以，在对足球运动员进行训练的时候，一定要重点加强技术与战术之间的相互配合，向着更加全面、准确与实用的方向发展。

（二）足球技术特征

1. 技术与意识相结合

意识就是运动员在比赛的过程中对于整个比赛的一种规律性认识，并且能够根据场上形式的变化或者比赛结构的更新，进而采取一种比较有效的行动来改变当前的不利状况，在足球运动场上的一举一动都能够全面反映出足球运动员的运动意识。

另外来讲，良好的足球运动意识也是足球取胜的重要前提，在防守的过程中，如果防守人能够对于进攻队员有一个预判，在对方球员进攻的道路上提前进行堵截，那么，防守的效果将会大大提升。在进攻的过程中，找到防守队员的缺点与防守漏洞，通过突然加速、左右晃动以及多次变相等方式，摆脱对方的防守，增加射门的机会。

在运动员进行足球运动训练的时候，不论运动员使用什么样的运动技术，在思想上都会受到意识的支配，所以，在进行训练或者是比赛的过程中，将训练的技术与运动员的意识之间做一个有效的结合还是非常有必要的，这对于运动员的技战术能力以及心理素质都会有比较高的要求，对于对方球员的进攻路线与心理也应有良好的预判，有效地将自身的技战术能力与运动意识良好地结合，是两者真正实现共同发展。

能够影响到足球运动员意识的因素是多种多样的，其中运动员的文化素质、理论知识以及运动天赋等条件的影响力是比较大的。意识一般情况下是属于人们自身的思想范畴，人的运动天赋与运动能力都会存在很大的差别，所以，对于足球运动员的意识是不能够一概而论的，足球运动员的运动意识也不能通过简单的训练而获得，一般情况下，足球运动员在训练的过程中需要教师在对学生进行教授的时候，向学生灌输各种足球运动的意识，并且在教学的过程中对于一些有足球运动天赋和特长的学生给予特殊的培养。

2. 技术与即兴发挥相结合

足球比赛的局面变化是非常快的，对于足球比赛的结果没有谁能够进行准确的预测，这也是足球运动能够吸引人的重要原因，这同时也是由足球运动自身的不可预知性所带来的。随着社会的不断进步与发展，足球运动技术也得到了较大幅度的提高，足球运动员在比赛中处理球的时间与进行思考的时间将会变得越来越少，在比赛的过程中，留给球员思考的时间极度缩减，同时防守强度也在逐渐增加，这种形势下足球运动员要有更加强烈的压迫感，激发自身的运动潜能，真正掌握一些擅长的运动技术，只有这样才能够在比赛中获得主动权。

即兴发挥就是运动员根据比赛的一些现实情况或者是突发的状况，适时地采用一些特殊的手段，将自己已掌握的技战术进行重新的组合与整理，最终达到出奇制胜的目的。随着足球运动日新月异的发展与改变，运动员在场上进行即兴发挥的机会越来越多，当然，即兴发挥并不是让运动员不遵循教练的战术，而是在某些特殊的情况下不得不采取的一种方式与手段，即兴发挥要求运动员具备娴熟的运动技术以及勇于冒险的精神，并且这些所有的精神意志以及足球技术都需要在机会出现的一刹那表现出来。

3. 技术与速度相结合

足球运动正在朝着高速度、强对抗的方向来发展，最突出的表现就是运动员在身体素质上的增加，特别是速度的增加，如动作速度、运动速度以及动作的速率等。所以，要想真正能够适应现代足球运动的一些强烈对抗，最为重要的因素就是需要在速度上有加大幅度的提升。特备是快速移动的能力以及技战术的运用能力，如果运动员在比赛的过程中，没有出色的运动能力以及速度能力，即使技战术能力再强，也不能得到有效地发挥。

4. 技术运用的目的性

足球运动的每一项技术都会有他自身的目的性，运动员在比赛场上进行比赛的过程中，他们所变现出的任何一种技术动作，都会带有一定的目的性，对于初学者来讲，他们可能对于足球运动的了解还不够深入，那么，他们在做动作的时候可能就会带有一定的盲目性。但是这种盲目性会随着运动水平的不断提高而逐渐增加的，从这个维度上讲就是要全面提高运动员的技战术水平，进一步减少运动的盲目性，最终会有助于目的性的提高。

足球运动是一项竞争非常激烈的竞技性运动，足球比赛的目标讲就是防止对方球员攻破本方的球门，而尽力将球攻入对方的球门。如果要想真正实现这一目标，就要尽可能地利用足球技战术控制好球的运行，并且还能够通过一些有效的途径掌控比赛的节奏，伺机射门得分，控制球的能力在一定程度上讲就是保证比赛胜利的根本性条件，要想保证比赛的胜利，运动员需要掌握扎实的基本功，娴熟地运用这些技术，并且在比赛的过程中具备良好的心理素质，做到运动技术与比赛目的之间的良好结合。

5. 技术与意志相结合

足球运动员良好的意志品质也是足球运动取得胜利的重要因素之一，在足球比赛中有举足轻重的作用。

足球运动员的意志品质基本上都是表现在三个方面，即：用于冒险的精神，勇敢顽强的作风，强大的情绪控制能力。

从古至今，足球运动都是一项充满挑战的运动，之所以会出现这样的状况，基本是因为由于其自身特点来决定的，随着比赛强度的不断加强，对于运动员的一些心理素质和精神品质都提出了比较高的要求，没有强大毅力支撑的情况下，运动员是很难完成一场精彩绝伦的足球比赛的。

二、传接球技术教学

（一）传球技术教学

传球技术是整个足球运动中比较基础的运动技术，传球的重要性是显而易见的，个人的技术再高，如果没有一定的传球水平，很容易就会被对手包夹，造成失误。任何团队的战术执行都需要传球来支撑，基于这一点考虑，每位成员都应该熟练掌握传球技术，传球质量的好坏在一定程度上也决定了进攻的成功率与防守的质量，在足球比赛的过程中，队员之间传球需要注意的问题主要有以下几点。

（1）传球应秉承简捷、快速的宗旨进行。

（2）后场是整个场区中比较危险的地带，进攻队员在后场进行传球的时候要尽量避免横传或者回传球，尤其是在天气条件不佳的时候，更加应该注意，保证传球的成功率。

（3）在进行传球的时候，需要对周边的站位有一个清晰的认识，能够预见防守球员的走位以及同伴的进攻路线，在掌握了一定的传球技术之后，尽量减少盲目的传球，保证成功率的基础上进行传球。

（4）在进行传球的时候需要时刻注意假动作的运用，掩盖进攻方传球的意图与路线，用假动作迷惑对方，以此来达到躲避对方堵截的目的。

（二）接球技术教学

1. 腹部接球教学

在激烈的比赛中为了抢点控制球，根据比赛的需要也可以使用腹部接球。

（1）腹部接平空球

当来球比较突然而且和腹部同高时，应先挺腹，在腹和球接触瞬间迅速含胸收腹，将球接下来。

（2）腹部接反弹球

在进行腹部接球的时候，接球者一定要用身体正对来球的方向，并进行适当速度的跑动，根据来球的方向和速度对球的落点有一个明确的认识，清晰的判断，接球的瞬间，身体稍向前倾，腹部对准落地之后反弹起来的球，提前保证腹部肌肉的紧张程度，避免受伤，然后压着球向前移动，同时也可以在来球的一瞬间，将身体向侧面转动，然后改变球运行的方向，将球导向同伴的方向。

2. 脚内侧接球教学

（1）接地滚球

支撑脚脚尖正对来球，膝关节微屈，同侧肩正对来球。接球腿提膝大腿外展，脚尖微翘，脚底基本与地面平行，脚内侧正对来球并前迎，当脚内侧和球接触的一刹那迅速后撤，把球接在脚下（图 6－1－2）。

图 6－1－2　接地滚球

（2）接反弹球

在运动员进行接反弹球动作的时候，接球人应该提前对球的落点进行判断，并冲破一切阻拦来到球的落点位置，支撑脚需要在球落点的后面，在接球的瞬间支撑腿屈膝，用胸部、腹部或者是大腿、脚背面接球，使球能够平稳落地，当球落地之后，用脚内侧轻推球的中上部，进行下一动作（图 6－1－3）。

图 6－1－3　接反弹球

（3）接空中球

在进行接空中球运动训练的时候，我们需要有效地根据来球的速度以及球运行的轨迹进行相应的移动，及时快速地移动至正确的位置。如果来球的位置比较高，则应该适当抬腿向前迎接来球，使脚内侧接触球，缓缓将球引到地面上，在这个过程中注意要保持身体的平衡，将身体的重心放在支撑腿上（图 6－1－4）。

图 6－1－4　接空中球

3. 胸部接球教学

胸部接球是接高球的一种好方法。胸部接球包括挺胸式和收胸式两种方法。

（1）挺胸式接球

面对来球，两脚左右或前后开立，两膝微屈，重心置于支撑面内，上体后仰，下颌微收，两臂自然张开，维持身体平衡。接触球的瞬间，膝关节伸直，两脚蹬地，胸部轻托球的下部使球微微弹起于胸前上方（图6－1－5）。

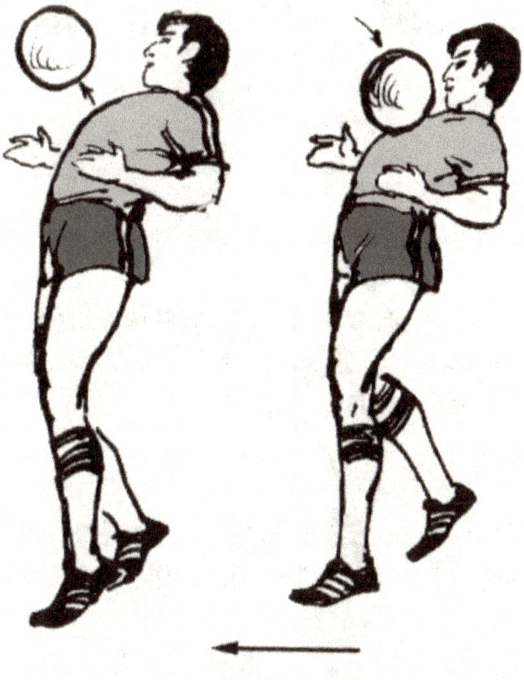

图6－1－5　挺胸式接球

（2）收胸式接球

这种接球方法多用于接齐胸高的平直球。面对来球，两脚左右或前后开立，两臂自然张开，挺胸迎球，触球瞬间收胸、收腹、臀部后移将球接在体前（图6－1－6）。若需要将球接在体侧时，则触球瞬间转体将球接在体后相应的一侧。

图 6－1－6　收胸式接球

（3）胸部接球练习方法

①两人一组互抛互接练习，根据来球方向迅速跑动，用正确部位触球。

②互抛平直球进行反复练习，体会收胸收腹时机。

③两人一组相距 15～20 米互传互接练习，根据传球不同情况，分别采用挺胸式或收胸式方法接球。

4．脚背外侧接球教学

脚背外侧接球的特点是动作幅度小、速度快、灵活机动、隐蔽性较强。但动作难度较大，接球时常伴随假动作和转体动作，适用于接地滚球和反弹球。

（1）接地滚球

在观察好周边情况之后，根据来球的方向和速度，判断球的落点，尽早选择支撑脚的位置，并且根据场上比赛的情况，运用一些合适的的动作或者是方法技巧进行接球。

在做接球动作的时候，应屈膝，踝关节向内侧翻，用脚背抵挡来球，一旦当球临近的时候，接球脚以脚背的外侧来推拨球的相应部位，最终将球控制在最恰当的位置上，继续进行下一动作。

（2）接反弹球

在接反弹球的时候，我们应当注意判断好来球的落点，进一步抢占最为有利的接球位置，或者是利用假动作来欺骗对手，接球腿的小腿应该与地面形成一定的夹角，以膝关节做适当幅度的扣压动作，以防球的反弹。

（3）脚背外侧接球练习方法

①利用足球墙进行练习：采用足球墙练习脚背外侧接地滚球，个人相距足球墙5~8米左右，踢地滚球球弹回来，用脚背外侧接地滚球，由开始原地接逐渐过渡到迎上去接。

②两人一组对面站立，相距8~10米左右，一人踢地滚球，一人用脚背外侧接地滚球练习；由开始原地接，逐渐过渡到迎上去接，再逐渐过渡到向两侧接球。

③个人将球踢高，然后进行接反弹球的练习（或用手抛起后进行练习也可以）。

④两人一组对面站立，相距8~10米左右，一人抛地高球，一人用脚背外侧接反弹球练习，由开始原地接逐渐过渡到迎上去接，再逐渐过渡到向两侧接球。

5. 腿部接球教学

大腿接球可根据不同来球高度将其分为接下落高空球与接略高于膝的低平球。

（1）接下落高空球

身体正对来球，选好支撑脚位置并稳固支撑，接球腿屈膝上抬，以大腿中前部对准来球。触球瞬间，接球腿积极引撤下放，接球部位的肌肉相应放松，以加强缓冲效果，使球触腿后落于体前（图6-1-7）。

图6-1-7　接下落高空球

(2) 接略高于膝的低平球

面对来球方向，根据来球的高度，接球腿大腿微屈，送髋前迎来球，当球和大腿接触瞬间收撤大腿，使球落在所需要的位置上。

6. 脚背正面接球教学

在进行脚背正面接球的训练的时候，我们需要对球的落点做一个良好的预判，在球下落之前及时赶到球即将下落的地点，使自己保持正确的站位，根据来球的情况，选择接球的部位，通常情况下都是用脚背来接球的，一旦球碰触到脚背的正面，接球腿就要随球下降，这个时候大腿的膝关节、踝关节与脚趾等都需要有一定的紧张度，脚尖稍稍翘起，把球接到最恰当的位置（图6－1－8）。

图6－1－8 脚背正面接球

（三）传接球技术训练

1. 跑动中传接球训练

在进行跑动中传接球运动训练的时候，需要两人一组，共用一球，在特定的空间范围之内进行跑动训练，在接球的时候，运动员要想提高接球技术，一定要尽量多的使用接球的方式与方法，这在一定程度上也要求传球队员抛出各种各样的球，在球速、传球距离、传球方向以及传球力量上都要有所变化。

2. 抛接球训练

在进行抛接球运动训练的时候，需要两人面对面站位，距离大概在5米左右，一名队员用手向另一名队员抛球，另一名队员可以用胸部、腹部、大腿和脚进行接球，随着训练时间的不断增加，抛球队员可适当改变抛球的距离以及抛球的力量，更加全面地锻炼接球人的接球能力。

3. 接控球训练

如图6-1-9所示，在进行接控制球运动训练的时候，需要4人一组，呈4人一组进行站位，正方形的边长控制在20米左右（站位距离可根据运动员的训练水平进行适当改变），4名队员需要站在正方形4条边的中间位置左右，由②号队员开始进行训练，①号队员沿着边线向前切入，②从其身后传斜线地滚球，队员①用同侧脚背外侧接球，向前运球，到边角附近。此时，另一队员④沿边线切入，①斜线传球给④。依次轮转训练，练习一段时间后改变跑动方向。

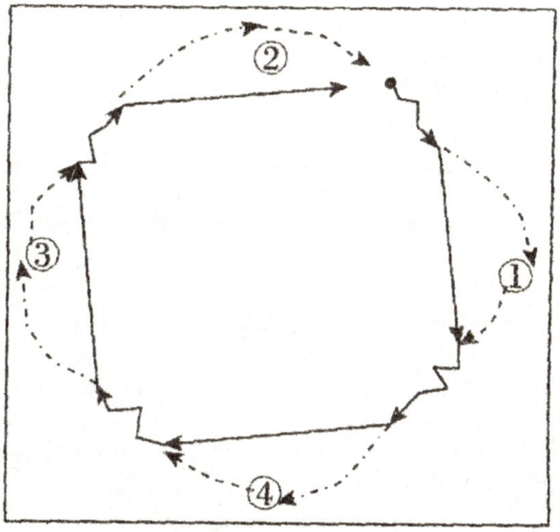

图6-1-9 控接球训练

4. 对抗中的接停球训练

在进行对抗中接停球运动训练的时候，教练员可以将练习者分为4人一组，传接球队员之间的距离在18米左右（需要根据运动训练的熟悉程度适当增加或减少队员之间的距离）。如图6-1-10所示，防守队员△与接球队员④相距1米左右，接球队员②先向后撤几步，然后突然启动向前跑动，接住从④队员传过来的球，并且竭尽全力将球控制在自己所能控制的范围之内，并在最快的时间内将球传给无球队员③，最后进攻队员与防守队员之间相互交换角色，进行接停球训练。

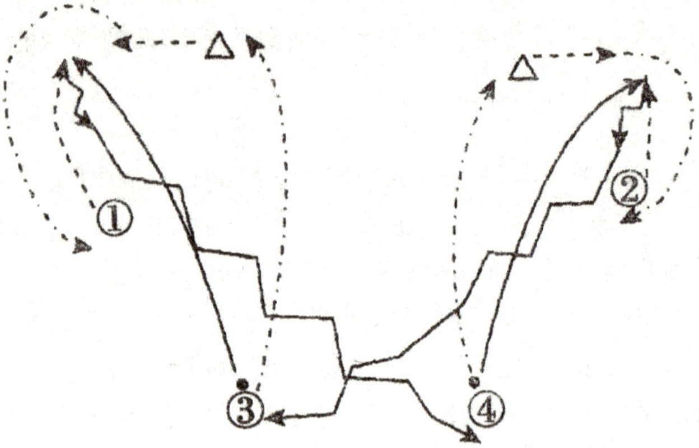

图6-1-10　对抗中的接停球训练

三、颠球技术教学

颠球技术就是运动员用身体的多个部位连续对球进行控制和接触，并且保证球不落地，根据接触球部位上的差别，我们将颠球技术分为以下几个种类（图6-1-11）。

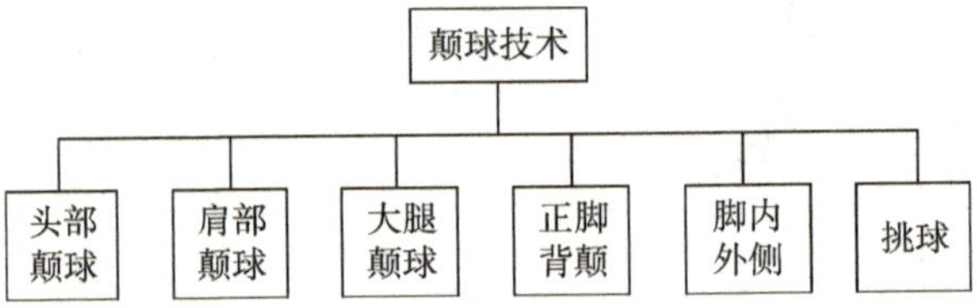

图6-1-11　颠球技术

（一）头部颠球教学

两脚开立，约与肩同宽，膝部自然微屈，头部上仰，用前额部位连续顶球的下部。顶球时，用力不要太大，并且注意要适中保持两眼注视球。

（二）脚内、外侧颠球教学

脚内侧颠球：支撑腿的膝关节要稍微弯曲，身体的重心也要随着支撑脚的独立移至支撑脚上，用脚的内侧向上摆动，击打球的下部，双脚的内侧交替进行击球动作，但是也可以单脚连续击球，类似踢毽子运动。

脚外侧颠球：动作方法与脚内侧颠球相仿，只是改脚内侧为外侧，提脚颠球时，脚由外往上提起。

（三）挑球教学

挑球就是将自己的支撑脚踏在球的侧后方 25 ~ 30 厘米处，膝关节稍微弯曲，将身体的重心前移至支撑脚上，执行挑球的脚放在球顶部，小腿微弯，将球轻轻向身体部位方向拉动。一旦球被脚掌拉动，则脚掌需迅速向后滚动，给球一个加速度，当球具有一定的初速度之后，通过惯性将球滚至脚背，大腿迅速内收，用脚背将球轻轻挑起。

（四）大腿颠球教学

当球马上要下落至大腿抬起平行于地面的位置时，需要抬腿屈膝，利用大腿的中前部位向上击打球的下部，双腿交替击球，同时也可以用一只脚进行支撑，另一侧大腿进行连续击球动作。

（五）肩部颠球教学

双脚左右开立站位，将身体的重心移动至中间位置，双臂自然下垂或稍屈肘。当球下落到接近颠球一侧的高度时，颠球一侧的肩部向上耸立，击打球的中下部位，迅速将球向上颠起。

（六）正脚背颠球教学

在进行正脚背垫球动作的时候，需要双脚交替向上摆动，用脚背进行正面击球，触球的时候注意踝关节的紧张度，击打球的下部。由于摆腿或者是球受力方向的原因，一旦触球会使球产生一定的内向旋转，在进行颠球运动的时候，不仅可以双脚交替进行颠球，而且还可以单脚支撑，单脚颠球。

四、踢球技术教学

踢球的方法主要有以下几种。

（一）脚背踢球教学

1. 脚背外侧踢球

（1）踢反弹球

脚背外侧踢反弹球的动作与脚背正面踢反弹球的方法基本相同，只是接触球时用脚背外侧部位击球。

（2）踢地滚球

脚背外侧踢地滚球的动作要求和踢定位球相同，但支撑脚站位时应考虑球的滚动速度，以保证在脚触球的瞬间支撑脚与球的相对位置符合规格要求。

（3）踢定位球

脚背外侧踢定位球的动作方法与脚背正面踢定位球相似，不同点在于摆踢时脚面要绷直，脚趾向内扣紧并斜下指，用脚背外侧击球的后中部，击球后，踢球腿顺势前摆着地。

2. 脚背内侧踢球

（1）踢定位球

采用斜线助跑的形式踢定位球的时候，助跑的方向应该与出球的方向呈现出45°的夹角，助跑的最后一步跨度要稍大一些，以支撑脚的脚底积极进行着地，脚尖指向出球的方向，落脚点要在球内侧约20～25厘米的距离，随后膝关节稍弯曲。

在支撑脚落地之后，踢球腿马上后摆，以髋关节为轴，由大腿来带动小腿，向前摆动，与此同时，小腿要做一个爆发式的摆动，摆动的同时，脚背尽量保持绷直的状态，脚尖稍向外转，用脚背的内侧来击打球的后中部位，当完成踢球动作之后，踢球腿与身体要随着出球的方向向前探出（图6－1－12）。

图 6－1－12　踢定位球（脚背内侧）

（2）踢地滚球

在踢地滚球的时候，首先要判断好来球的方向与速度，找到正确的落点之后，及时移动至落球点，在选择支撑点的时候，要重点考虑到来球的情况与摆腿的速度，全面保证触球的瞬间能够强劲有力，脚和球之间的相对位置能够保持特定的规范。

（3）踢反弹球

在踢反弹球的时候，需要运动员判断好来球的落点，根据其运行的速度与方向做一个良好的预判，当球反弹离地的瞬间进行踢球动作，其他的动作要求与踢定位球一样，踢反弹球主要用于踢侧方或者是侧前方的高位来球。

3. 脚背正面踢球

脚背正面踢球主要包括以下几种。

（1）踢倒勾球

在我们进行踢倒勾球的时候，需要根据来球的速度和方向进行相应位置的调整，保证自己能够移动到正确的位置，球的落点正好能够与站位相互对应，同时还要保证自己的站位能够在球的后方，在接球的时候，支撑腿稍微弯曲一点儿，上半身保持向后仰的状态，踢球腿以髋关节为轴向前转动，在身体的正前方将球踢出，要踢出球的方位应与身体的朝向相一致，具体方法如图 6－1－13 所示。

图 6－1－13 踢倒勾球

（2）踢定位球

在踢定位球的时候，我们还可以考虑采用直线助跑的方式，支撑脚需要落在距球大概 10～12 厘米处，脚尖正对出球的方向，膝关节稍微弯曲，踢球腿在跑动过程中要逐渐向后摆动，并且以髋关节为轴，由大腿带动小腿向前摆动。当膝关节摆动到接近球正上方位置的时候，接下来的动作将由小腿来完成，并以脚背的正面部位来击打球的后中部位（图 6－1－14）。

图 6－1－14 踢定位球（脚背正面）

（3）踢侧面半高球

在进行踢侧面球训练的时候，球的运行速度与运行方向是我们选择展位的重要参考依据，在选择好击球点的同时，保持身体面向出球方向，顺势将身体的中心移动到支撑腿上，在进行踢球的时候，由大腿带动小腿向前摆动，用脚背的正面来击球，在完成击球动作之后，踢球腿随身体的惯性向前摆动，保持身体的平衡（图6－1－15）。

图6－1－15 踢侧面半高球

（4）踢反弹球

和其他技术球一样，要踢出反弹球，就要对来球的速度大小、运行轨迹、落点位置做出准确迅速的预判。其技术要点是，把握好球落地的瞬间刚刚从地面弹起的机会，踢球的脚迅速发力，使用脚背踢中足球的中后部，在踢出球的过程中，注意把小腿向上摆动（图6－1－16）。

图6－1－16 踢反弹球

（5）脚背正面踢球练习方法

①徒手模仿练习，按照动作要领在慢跑中做正确徒手模仿的踢球姿势，保持动作的稳定和连贯。在完成技术动作的过程中注意大腿带小腿的摆动和小腿的摆速、大腿的前送动作，同时保持支撑腿的弯曲和身体重心的稳定。

②两人一组，一人踩球一人做脚背正面踢球技术动作，体会脚触球部

位、体会击球部位。

③两人一组踢定位球，俩人相距 10～15 米踢定位球。一人踢球一人停好，将球再踢回去。

④踢准练习，两人一组相距 10～15 米，中间摆一个 2 米～3 米宽门形标志物，两人踢定位球通过门形标志物，反复练习。

⑤两人一组距离由近到远逐渐加大踢球的力量练习。体会远近距离踢球时的不同力量。

⑥踢反弹球练习，两人一组相距 8～10 米自抛自踢。体会支撑脚位置和击球点位置。

⑦两人一组相距 8～10 米，一人抛球一人踢活动中来球，体会活动中踢反弹球动作要领。

⑧利用球墙练习脚背正面踢球的技术动作。由原地踢球逐步过渡到在活动中踢球。体会活动中球的落点、支撑脚的位置和身体重心的变化。

（二）脚内侧踢球教学

1. 踢反弹球

在踢反弹球的时候，需要根据球反弹的位置移动到我们最为有利的位置，支撑脚的站位要与球的落点能够相互呼应，踢球腿摆动与踢定位球的时候想相互一致，一旦球着地之后，在离开地面的瞬间，用脚的内侧来击打球的中部位置。

2. 踢空中球

根据来球速度和运行轨迹及时移动到位，踢球腿大腿抬起（屈）并外展，小腿屈并绕额状轴后摆，利用小腿绕额状轴由后向前摆动，当摆至额状面时与球接触，击球的中部（图 6－1－17）。

图 6－1－17　踢空中球

3. 踢定位球

在运动员准备踢定位球的时候，需要一定的助跑过程，在助跑的时候最后一步要比前面几步跨度稍微大一些，支撑脚站在球的侧面，距离一般保持在15cm左右，支撑脚的脚尖需要对准出球的方向，支撑腿的膝关节稍微弯曲。当支撑脚着地之后，踢球腿由大腿带动小腿，做摆动动作，在触球的前一刻钟，用脚跟将球送出去，使得球与脚跟内侧所形成的平面与出球的方向形成直角，踢球脚的脚底要与地面相互平行，脚尖稍稍翘起，踝关节发力使脚型能够固定住，在固定好脚型之后才能够保证踢出去的球急速有力，方向上也不会有太大的偏差（图6－1－18）。

图6－1－18　踢定位球（脚内侧）

（三）踢球技术训练

1. 踢地滚球训练

通过适当的观察，判断出来球的方向与速度，将自己的协调能力进行调整，进一步根据来球的方向确定好支撑脚位置的变换，在进行地滚球训练的时候，一定要学会尝试接受多个方向的来球，包括正面、侧面、以及侧后方的来球，在日常的训练过程中，还可以适当增加一些训练的条件，比如运动员在接球的时候必须规定好所使用的脚法与站位方式等，同时还可以根据场上来球方向、速度的不同选择恰当的方式进行接球。

2. 无球模仿训练

在队员们进行无球模仿运动训练的时候，运动员要发挥自己全面的想象力，假设地面上有一个足球，在想象中勾勒出球的形状与位置，然后向前迈步做踢球动作，随着原地踢球动作的逐渐熟悉，可慢慢过渡到慢跑踢球模仿动作，随着时间的推移与练习的熟练度，最后可采用快速组跑的形式进行训练。在进行无球模仿训练的时候，需要特别注意的是，一定要发挥充分的想象力，能够想象到球真正摆放在自己的面前，并且在模仿踢球动作的时候，适当保持脚踝部位的肌肉紧张，使脚型能够固定在一个正确的位置上，这对于今后的实球训练具有非常重要的促进作用，并且对于防止脚踝部位的受伤也有非常重要的意义。

3. 各种脚法的2人训练

无论是传球射门训练还是其他形式的射门训练，在进行训练的过程中，队员都可以找一名同伴进行两人训练，当两名运动员进行踢定位球训练连的时候，在训练过程中可以穿插适当的接球训练，当在行进中进行踢球运动训练的时候，则可以适当穿插一些定位球的训练。将两种踢球方式进行交替训练不仅能够增加运动员进行训练的乐趣，同时还能达到最好的运动训练效果。

4. 踢固定球训练

一人把球踩在脚下，另一人用脚的不同部位踢球，体会脚的触球部位。

5. 对墙踢定位球训练

对墙踢定位球就是要求练习者面对着墙，把球放在地面上，然后利用助跑动作，逐渐靠近求，将球踢出（图6－1－19），在刚开始进行训练的时候，离墙的距离不要太远，一般需要五米左右的距离就可以了，用力不要太大，争取将球踢出去之后能够用手接住，如此往复练习，当训练熟悉之后可以逐渐增加球与墙之间的距离，然后踢球的力度也逐渐加大。紧盯对墙踢定位球练习的主要目的就是能够使初练者体会到踢球的整个过程，使运动员能够掌握基本的踢球技术，随着练习的不断深入，可以将地滚球逐渐变成半空球，并且能够熟练运用各种踢球的技术。

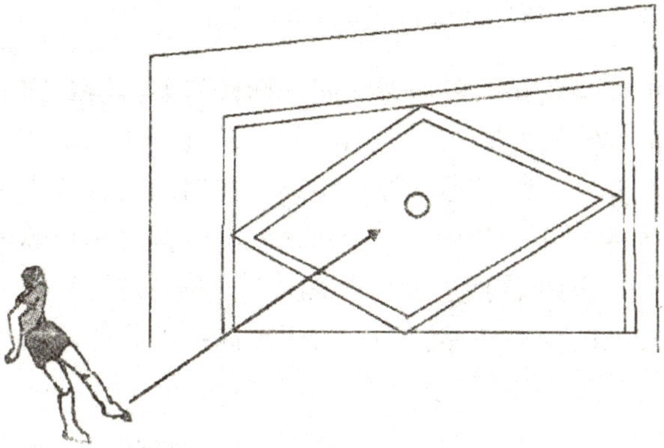

图 6－1－19　对墙踢定位球

6. 射大球门训练

如图 6－1－20 所示，训练者需要在罚球区位置上，在球门与训练者之间插上两个小旗做标志，训练者首先第一步需要做的就是用脚抽射，使球绕过中间的小旗进行，将球射入门内，但是不规定从标志的左侧或者是右侧抽射，踢球的时候对训练者的脚法不做任何规定。随着训练程度的不断加深，足球教练可对训练者进行小旗左侧抽射进门和小旗右侧抽射进门的规定，逐渐提高训练的难度，在一定程度上提高训练者的实战能力。

图 6－1－20　射大球门

7. 利用足球墙和标杆做踢旋转球的训练

可以将标杆插在踢球者与墙之间，标杆与人、墙之间的距离需要根据练习者自身的实际情况来定，在训练的初期可以适当增加一些距离，随着训练的逐渐加深，则需要慢慢缩短距离。在训练的过程中训练者可以利用足球墙进行各种训练，尤其是对于初学者来讲，使用足球墙进行训练能够保证在同样时间之内增加更多的锻炼次数，并且对于集中掌握各种足球运动技术也有很大的促进作用，同时对于提高练习者的球感也有一定的帮助作用。

第二节　足球运动的战术教学实践

在足球运动中，战术的重要性是大家有目共睹的，战术的成功与否对于足球比赛的胜负具有决定性的作用。所以，在高校进行足球运动训练的过程中，我们一定要加强学生对于足球战术的理解和训练，使得学生的足球水平能够得到进一步提高。

一、个人战术教学

（一）个人进攻战术教学

1. 传球

传球在足球运动中的重要性是大家有目共睹的，能够完成战术执行的最基本要求就是传球的质量，如果我们要想传出一些质量比较高的球，球员不仅要掌握正确的传球技术，并且对于传球时机、传球目标以及传球空间的要求也会有比较高的要求。

（1）传球目标的选择

在比赛的进程中，传球目标一般分为空当传球和脚下传球两种方式，向前方空当传球的威胁是比较大的，虽然这种传球方式的威胁比较大，但是成功率并不高，容易受到对方球员的干扰，为了能够全面掌控比赛的节奏，同伴之间最好还是进行一些横向的传球，从这个就角度出发，我们就能够清晰地认识到，需要将脚下传球和空当传球两种方式进行有机结合，只有多种传球方式相互结合，才能够迷惑对手，达到最佳的战术效果，当然比赛场上什么情况都可能会发生，对于具体的情况我们还需要进行适当地调整和分析。

（2）传球时机的掌握

掌握好传球时机，将直接影响到传球的效果以及战术配合的成败。比赛中传球的时机主要包括以下两种情况。

①当出球人发现对手出现空当之后要马上进行传球，并指挥相应的接球队员进行位置上的变更，做好接球的准备，实施战术的意图，比如进行转移进攻，快速反击等等，但是在进行传球的时候，速度一定要快，动作也一定要迅速，在接近球的时候进行适当的加速，否则被对手识破之后，进攻节奏就会被打破，战术执行也会有很大的难度。

②跑位在先，传球在后。也就是说当同伴主动跑向某一个空当的时候，持球人应当马上向该队员进行传球，如果同一个接球的位置上出现了好几名接球队员，那么，持球人应当选择这几个人当中站位最有威胁性的人进行传球。

2. 运球突破

所谓的运球突破就是进攻队员全面运用个人的技术来突破对方的防守，创造出对本队更加有利的进攻机会，运球突破技术是威胁性很高的个人战术，也是难度比较大的个人行动。一般来讲，一个成熟的球队当中，前腰、前锋以及边锋球员的能力要求都会比较高，这种运球突破的技术通常也会被用作战术的起始。

（1）运球突破的条件

运球突破对于比赛的意义是非常重大的，但是这种进攻方式也需要满足一定的使用条件，只有在恰当的时机使用运球突破技术，才能够真正发挥出它的威力，如果球员在不分场合与时机的情况下，一味地进行运球突破，不仅很难达到进攻的效果，而且对于战术的执行也会有很大的阻碍。一些运球突破的条件具体如下所示。

①本队进攻球员在前场得球后身边并没有队友及时跟上接应，此时应果断选择运球突破。

②在中、前场得球，对方采取造越位战术，同伴又处于越位位置时，此时应选择运球突破。

③控球队员在对方罚球区附近，而防守队员身后又有空隙，突破后即可射门时，应该大胆突破。

④控球队员在对手紧逼盯抢而失去传球角度时，应果敢地向前突破。

⑤控球队员处在一对一的情况下，一旦突破即可传中或从中路长驱直

人逼近对方球门时，应大胆运用运球突破。

（2）采用运球突破的注意事项

①在面对防守人的时候，一般防守人都是背对球门的，一旦进攻球员在适当的机会获得了进攻的机会，防守球员再次进行补防的时候，首先需要做的就是转身动作，简单的一个转身可能就会失去一次很好地补救机会。这个时候，进攻球员就要适时抓住进攻的机会，充分利用好自身的速度优势，尽最大可能突破对面球员的防守。

②把握住稍纵即逝的有利时机，具体时机就是当对面的防守队员距离控球队员一米也就是一大步左右，此时，拦截的对手真处于一种犹豫不决或者是正试图与自己夺球的一瞬间，是突破的最佳时机。

③一定要有过硬的控球技术，时刻掌握球的动向，只有这样才能做到随时准备突围，即使无法突围，也能保证球不被对方拦截，造成失误。

④运动员要有过硬的突破技巧，能够做到随机应变，根据对方的防守状况，掌握有利时机，迅速突破对方防守。

⑤运动员在准备要突破对方的防守时，一定要果断迅速，一旦成功，迅速传球配合，如果能射门就要把握时机立即射门。

⑥正确运用突破的技术，才能达到想要的结果。

3. 跑位

应该说，在一场足球比赛当中，除了持球的运动员和双方守门员，其他运动员都在跑位，所谓跑位，就是运动员在不持球的时候，通过有目的的跑动寻找有利位置或空当，目的就是帮助己方得球或威胁对方射门。

跑位动作在比赛中是最常见的一种技术形式，在进攻的过程中基本都是以跑位串联整个比赛的，真正能够打破对方战术的就是这种无球跑动，为本队球员获得更加有利的进攻机会。

（1）跑位战术的基本内容

跑位并不是漫无目的的，跑位的方法也不是单一的，根据赛场上的状况，可以将跑位分为变相跑、加速跑、突然启动跑等多钟。在跑位的过程当中，最重要的内容就是及时抓住最有利的跑位时机，确定想要通过跑位到达的位置以及正确的方向。

①敏锐的观察。在比赛的进程中，本方队员如果得到了球权，本队的作战形式就会产生由守转攻的变化，无球队员需要做的就是要学会适当的观察，了解到球所在的位置以及出球的角度之后，根据队友的站位以及对手的站位进行适当的跑位和传球。另外来讲，同时还要观察对方球员给予本队球员的所有阻碍，然后及时根据赛场上的变化，随时进行相应的战术

调整。运动员的观察能力往往在一定程度上能够对比赛起到决定性的作用。

②有明确的跑位目的。在整个足球比赛过程中，无球队员的跑动需要有明确的战术目的，即使运动员的身体素质再怎么好，没有明确的战术目的，也不会取得比较好的效果。

接应：当己方队员处于持球状态时，无球的运动员要通过跑位接近控球队员，通过以多打少突破对方的防守，进而实现射门的目的。

摆脱：当双方的运动员处于一种僵持状态时，避开对方的防守是无球运动员首先要做的就是冲出或避开多方的防守，当对方采用紧逼战术的时候，接球队员就要采取相应的方式方法进行躲避，可以忽快忽慢、忽前忽后的跑动，以此来包托对方的防守，接受同伴的传球，如果无球队员站在原地不进行跑动的话，就很难得到同伴的传球，对于整个比赛的影响也会是比较大的。

切入：足球比赛是一项相互配合的运动，处于跑位状态的运动员发现己方的持球队员为了突破对方的防守而想要将球传向对方球员之间或对方球员背后的空当位置时，就要及时跟进，以便己方继续控球，掌握主动权。

拉开：一旦确定控球权，就要及时拉开与对方的的距离，适当的距离不仅有利于控球队员的转移，还有利于促进控球队员组织进一步进攻甚至是射门，或者是本队球员全部拉开，给对方球员制造一种视觉上的错位感，适时寻找进攻的战机，一旦对方出现空当，立刻发动进攻。

传球后立即跑位：控球队员传球给同伴之后马上就会变成跑位队员，所以，持球队员在完成传球动作之后应该马上进行跑位，只有这样整个队伍才能够在流动中进行协调一致的配合，一个流动性比较大的足球队伍，在比赛的过程中更加容易取得比赛的胜利。

③选择正确的跑位方向。在进行足球运动比赛的时候，很多情况下比赛的结果胜负往往是由罚球区来决定的，对于两方队员来讲，对方的罚球区是发动进攻的重要区域，罚球区是获得射门机会的重要区域，在跑位的时候更要把握好罚球区的跑位方向。

④掌握跑位时机。如何正确把握跑位时机呢？以下几点是非常重要的。

第一，就是队员之间的默契配合程度，不管是跑位队员还是传球队员，默契程度越高，达到的比赛效果也就越好，要想培养这种默契，就要做到以下两点。

一方面，掌握控球权的队员在传球的过程当中，要时刻关注自己周围己方队员的跑位情况并且选择恰当的时机进行跑位，这时，传球队员要在视线范围之内选择出一名最优的接球队员。

另一方面就是，跑位队员在进行跑位的过程中，要与传球队员之间进行目光交流，跑位队员要善于发现空当，找到合适的机会之后，意会到传球队员的意图，传球队员在传球的过程中也要时刻保证传球的隐蔽性。

（2）创造和利用空间的跑位

①如果跑动且牵动防守者跟随移动，所创造的空间就可由另一些进攻者利用。如图 6 –2 –1 所示，②号就是利用了③号创造的空间从而得到进攻的有利机会。

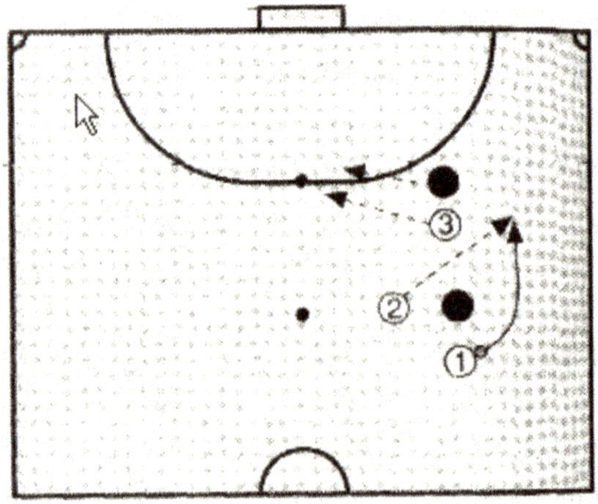

图 6 –2 –1　创造和利用空间的跑位（一）

②在 30 ×20 米方格区域内，设一个活动球门，在该区域中共有 6 人，其中 1 名守门员，而方格区域内的人员中可以设 2 人进攻，3 人防守（图 6 –2 –2）。最初的时候由于技术的生疏，防守可以适当松些，待熟练后就要与实战一致。进攻者也可适当调整，如①③号相交时做交叉配合，①③号相向移动时，①号向空当做反方向传球，②号接球后进行射门，①③号进行包抄。

③如果控球队员在跑动的过程当中，防守队员并没有及时跟随，这个空当，就是传球的最佳时机。如图 6 –2 –3 所示，③号就是利用了空间。

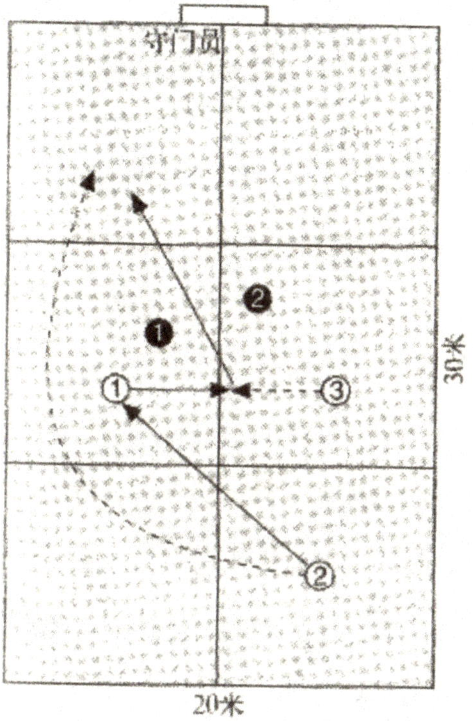

图 6－2－2　创造和利用空间的跑位（二）

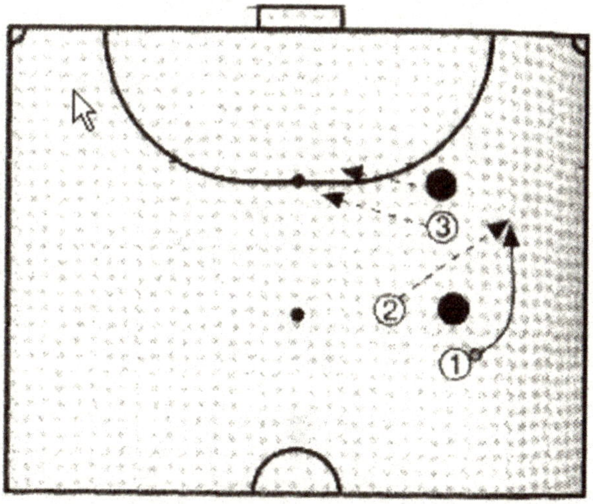

图 6－2－3　创造和利用空间的跑位（三）

④如果跑动而且牵动防守跟随移动，所创造的空间可由第一进攻者利用。如图 6－2－4 所示，②号牵动，①号利用前方空间下底。

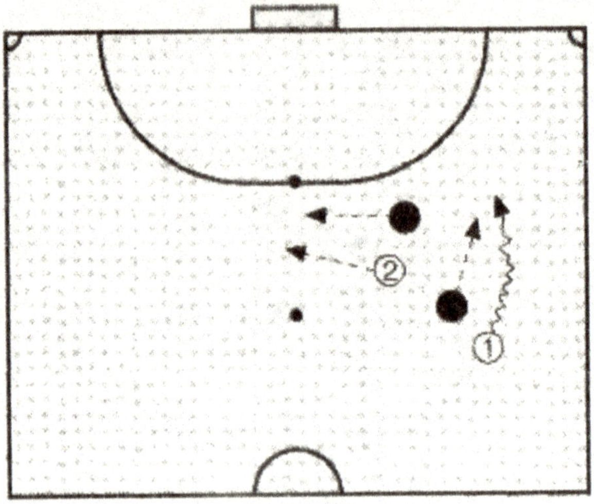

图 6－2－4　创造和利用空间的跑位（四）

⑤前锋和前卫配合创造和利用空间练习。前锋队员斜线跑动，能创造可被居后插上的前卫队员所利用的空间（图 6－2－5）。其他位置配合创造和利用空间的练习也可以根据本队的战术设想而设计。

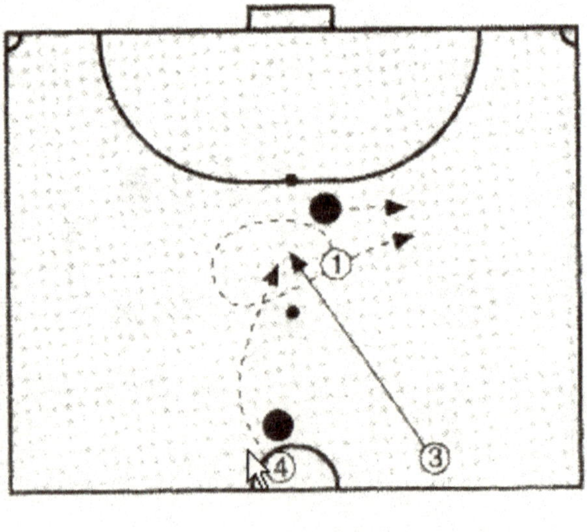

图 6－2－5　创造和利用空间的跑位（五）

（3）提高应变能力的跑位

①运用突然变向摆脱对手。进攻者⑧中速向右斜前方跑动，防守者❻紧逼时，⑧突然而快速地转向左斜前跑，摆脱❻的紧逼，接⑨的长传球进攻（图6－2－6）。

图6－2－6　提高应变能力的跑位（一）

②运用突停或突启摆脱对手。这种摆脱的方法是进攻者在对方紧跟并根据进攻者的移动而移动时，运用突停作假象，然后再快速跑动以摆脱对手。进攻者⑨快速跑动，防守者❸紧跟不舍，⑨突然急停，然后再快速摆脱❸（图6－2－7）。

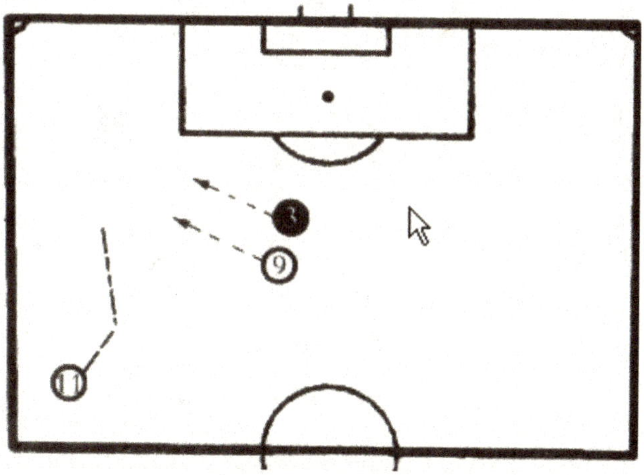

图6－2－7　提高应变能力的跑位（二）

③运用先压后回摆脱对手的方法。进攻者⑧向前插上，准备接应同伴⑦的传球。当⑧把防守者❻和吸❸引到一起时，便突然转身回跑，摆脱❻和❸的防守，接⑦传来的球（图6－2－8）。

图6－2－8　提高应变能力的跑位（三）

④运用反切摆脱对手。进攻者⑦向回跑，准备接同伴⑥的传球，把防守者❹引出，再突然转身切入以摆脱❹的防守，接⑥的传球进攻（图6－2－9）。

图6－2－9　提高应变能力的跑位（四）

4. 摆脱

在进行足球比赛的过程中，如果得到对方的球权，就要想方设法获得传球的机会或者是摆脱的机会，积极摆脱对方的防守，方便获得下一回合进攻的机会，更好地执行教练的战术安排，最终在摆脱对方的防守之后继续进行射门动作。

在摆脱对方防守的时候，我们可以采用的方法也是多种多样的，如突然加速、多次变向、做假动作等等，这几种摆脱方法的使用一定要在保证球员都能适应的情况下进行。场上的空当与传球的时机一般会在很短的时间内就消失，这就要求队员在传球的过程中一定要迅速抓住战机，否则在对手干预比较强的情况下很难完成传球的技战术。

（1）向前跑突然转身向回跑。⑧号向前插进，准备接应⑦号的传球；当⑧号把防守队员❻和❸吸引到一起时，便突然转身回跑，摆脱❸、❻号的防守，接⑦号传球（图 6－2－10）。

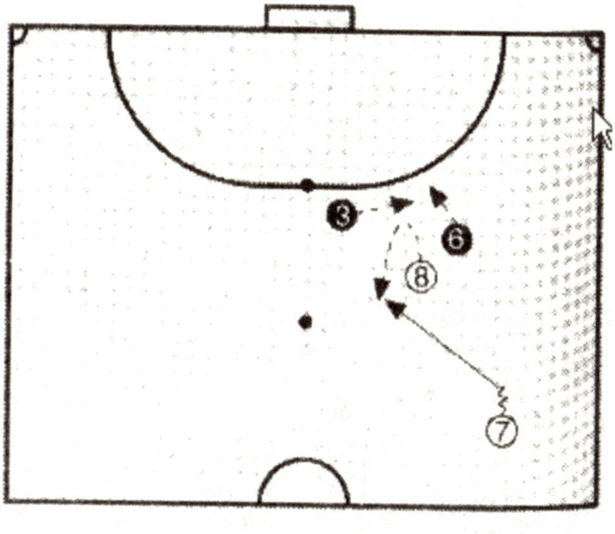

图 6－2－10　向前跑突然转身向回跑

（2）⑦号向本侧跑去准备接⑥号的传球，把防守队员❹引诱出来，再突然转身切人摆脱❹防守。这种方法等于自己给自己制造空当。对一个跑得快的前锋来说，在较大范围里发挥技术和速度是比较有益的（图 6－2－11）。

（3）快跑——突停——快跑。这种摆脱的方法是在对方紧跟进攻者并根据进攻者的移动而进行移动时，可运用这种摆脱方法造成对方被动（图 6－2－12）。

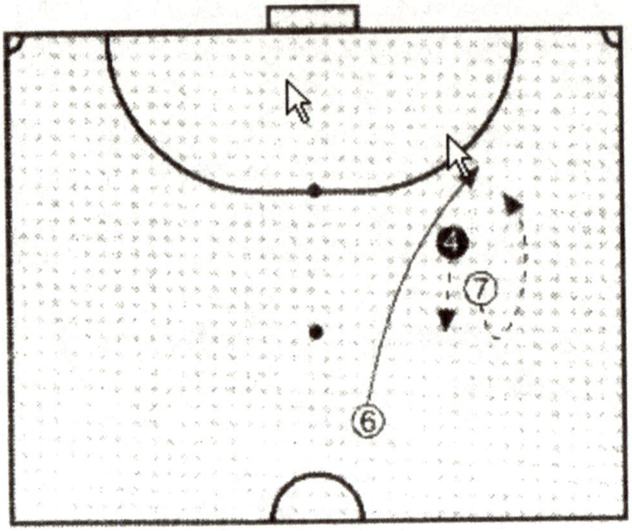

图 6－2－11　向本侧跑突然转身切入

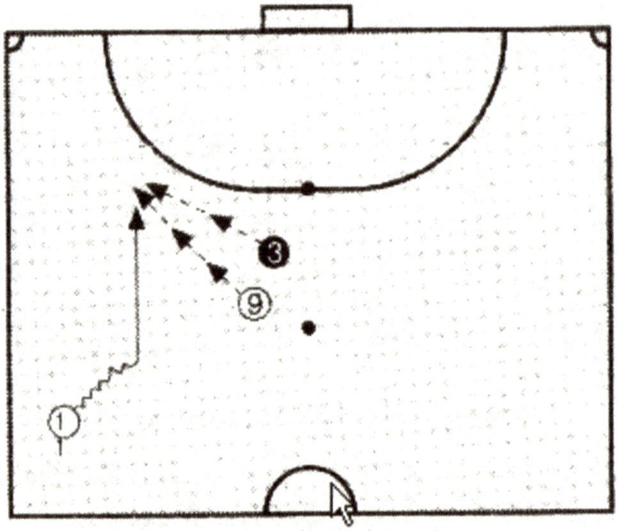

图 6－2－12　快跑—突停—快跑

（4）突然转向右或者向左斜线跑。⑧号开始向一边跑时速度须稍慢，遇防守队员❻紧逼时，⑧为了摆脱❻的紧逼，再转向另一方向跑时要突然快速以便于甩掉对方（图 6－2－13）。

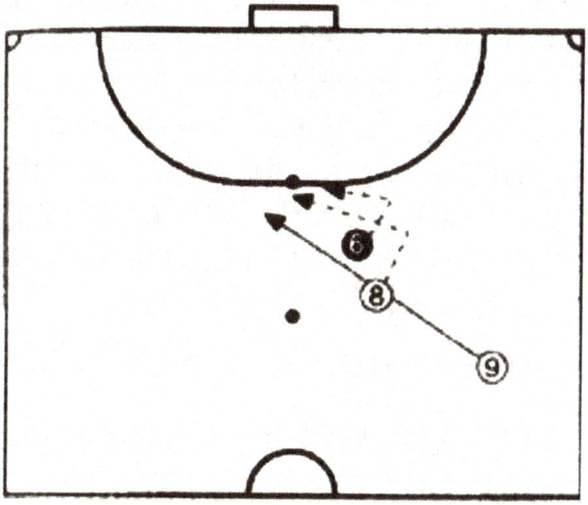

图 6－2－13　突然转向右或者向左斜线跑

5. 射门

在一场足球比赛当中，决定比赛结果的就是射门的成功与否，成功多的一方也就意味着比赛的胜利，因此，所有球员的战术配合，最终目的都是为了射门成功，所谓射门，就是比赛过程中，一方运动员将足球有目的地踢向对方球门的行动。

（1）射门的技巧

射门的方法与技巧是多种多样的，在进行比赛的过程中我们要根据场上的实际情况适时地选择射门的角度与力度，大力量进行射门看起来可能比较有威胁，但是射门的成功率并不一定会很高。

（2）射门注意事项

①力争抢点直接射门。通常情况下，在一场足球比赛中，射门的时机通常是稍纵即逝的，因此，一定要及时把握住，因为比赛现场上的局势是瞬息万变的，一旦出现射门的机会，一定要力争直接进行射门。

②抬头观察。当然，射门也不仅仅是射门这一个动作，还要讲究射门的成功率，因此，在准备射门的时候，要迅速观察球门的位置以及对方守门员的所站的位置，采用最为合适的射门方式，出其不意，迅速射门，提高成功率。

③沉着冷静。在进行射门动作的时候，一定不要盲目，也不要慌张，看准恰当的时机，利用防守上的漏洞以及队员之间的空当进行射门，在射门脚法的选择上，一定要用自己比较擅长的手段和方式进行攻击，在保证

射门成功率的基础上尽可能地加大进攻的力度，增加对方防守的难度。

④珍惜射门机会。在一场足球比赛当中，不管运动员是处于一种怎样的状态，一定要找准时机，果断射门。

⑤及时跟进补射。首先足球比赛是一个团队运动，因此，当运动员在射门的过程中，如果有位于球门较近的队员，就应该立刻跟上，当射门球员没有能够完成射门或者射门失手之后，跟进球员可以马上进行补射，这种补射在一定程度上讲并不是难度很大的技术动作，这种动作的难点就在于寻找合适的机会进行补射。

（二）个人防守战术教学

个人防守战术是局部防守战术和整体防守战术的组成部分。个人防守战术主要包括选位和盯人两个方面。

1. 选位

在比赛中，由攻转守时，防守队员应立即选择最有利于防守的位置。

选位要注意以下几个基本原则。

（1）要想在选位的时候获得比较恰当的站位，对手与本方球门中心所构成的直线附近是一个不错的选择，并且还要拥有清晰观察场上双方球员之间活动情况的能力，对于对手的站位和跑位都能够有清晰的判断，足球的移动方向以及球速都能够做到心中有数，确保球和人能够在自己的视线范围之内（图 6－2－14）。

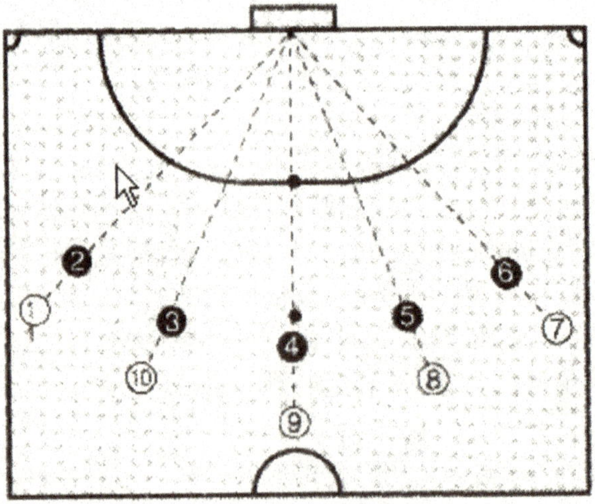

图 6－2－14　选位（一）

（2）防守队员在站位的时候一定要学会根据场上战术形式的变化以及对方进攻的路线进行相应地调整，找到适合防守的最佳位置。

（3）在二防三的情形下，我们需要安排一名防守队员对持球队员进行紧逼，另一名防守队员则需要采用区域防守的形式进行防守的布置，以此来保护紧逼的防守队员。

（4）在遇到对方以多打少的情况之时，如“二过一”“三过二”配合，防守队员在没有把握抢断的情况之下，一般情况下都要采取主要向进攻球员的方法，一定不要盲目地进行上扑或者是铲球，而是要将自己的定位在两名进攻队员之间，堵住双方进行传球的路线（图 6－2－15）。

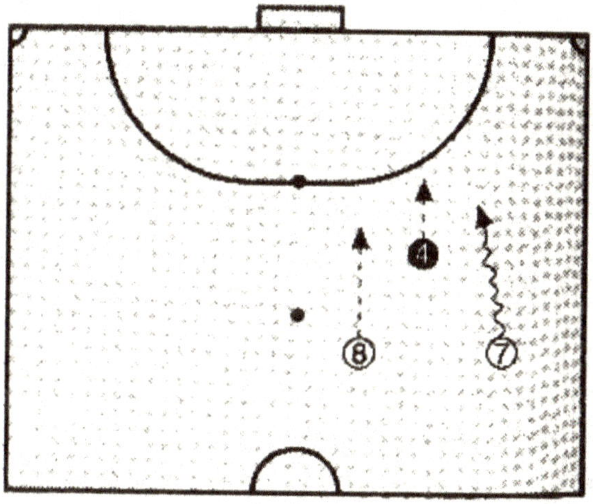

图 6－2－15 选位（二）

2. 盯人

盯人就是在足球比赛的过程当中，处于防守一方的足球队员，采用各种方法和技术，对对方球员采取的一对一的盯防战术。这种战术的主要目的就是对对方球员展开有针对性的严密的战术控制行为，最大限度地降低对方的进攻力度。

在足球运动中，盯人战术的运用是最为常见的方法之一，盯人战术同时也是其他综合性战术的重要组成部分。通常情况下我们可以将盯人战术分为紧逼盯人和松动盯人两种形式。

紧逼盯人战术就是防守队员不给进攻队员任何的活动机会，这种情况主要是禁区防守。松动盯人就是攻防之间有一个相对固定的距离，只要是在随时能够拦截或抢球的范围内即可，这种盯人方式主要运用于与对手距离较远的情况下。

（1）盯人的基本原则

①盯人要分清进攻人的威胁程度。对于离球或者球门较远又不可能接到球的对方队员可采用松动盯人。

②对有球队员及其附近可能接球的进攻队员和本方罚球区附近的对方队员都要采用紧逼盯人。

③盯人时防守球员要始终处于启动状态，身体重心应稍低，切忌不要双腿站死。

④对于速度快，反应快，而防守队员不及对手的情况下，不要紧逼。

（2）盯人队员的注意事项

①防守者必须根据比赛中球的位置，站位于被盯者和本方球门线中点的连线上，并且要根据场上的具体情况，和球保持适当的距离。

②盯人者一般情况下都会在一些比较稳定的区域内根据所盯防对象采取一定程度的来回跑位，这也是现代足球比赛最为基本的要求，但是盯人者在进行防守的时候，肯定会出现这样或者是那样的防守漏洞，这就要求防守人在防守好自己位置的同时，盯住可移动区域内其他人的防守情况，条件允许的情况下进行及时的补防，切实保证防守的有效性。

③防守者在盯人的时候一定要注意观察周边的战术变化以及局势变迁，保持高度的注意力，对于进攻者所要进攻的路线能够有一个明确的判断，提前准备，随时对被盯者进行干扰。

④盯人者还需要具备的另一个特殊素质就是随机应变的能力，当同伴在防守过程中遇到一些比较难防的对手，这时可以进行协防，执行围抢战术，当附近出现比较好的截击机会之时，可以马上进行阻击，各个负责人盯住自己所要防守的队员是获得比赛胜利的重要条件之一，同伴之间根据场上比赛形式的变化，调整防守的位置，灵活地去协助他人进行防守，也是提高防守质量的重要手段。

⑤在盯人的过程中，运动员所付出的体力要比进攻的过程中大得多，所以，教练员在盯人的过程一定要使用适当的球员进行盯防，一旦出现体力不支的情况，可以适当地减少争抢，以保证剩余比赛时间的体力充沛。

二、整体战术教学

（一）整体进攻战术教学

整体进攻战术，是指参与进攻的人数较多、进攻面较广的战术配合。

整体进攻战术主要有以下几种。

1．快速反击

快速反击战术通常发生在对方全力发起进攻的时候，特别是当后卫压到中场的时候，防守人数会有很大程度上的减少，所以，在进攻一方留下空隙的时候，会给对手很多可以利用的机会，防守方如果能够在这个时候抓住防守的机会，将球断下，或者是在防守方退防的时候，利用对方的失误，来发动快速反击，这样就会给对方致命的打击，破坏掉对方进攻的节奏，反被动为主动。

（1）快速反击的条件

①任何一支足球队伍当中都要有一到两名“尖子”队员，要求不管是在技术或速度方面，还是在突破能力和随机应变方面都要哦有突出的条件。

②队员能迅速抓住赛场上稍纵即逝的反击点和突破口，并抓住机会即使反击。

③传球次数控制得当，尽量减少传球次数，增加传球的成功率。

④一旦突破，队员之间的配合要及时。

（2）快速反击的时机

①抢到对方的脚下球后。

②抢截到对方不准确的传球后。

③对方进攻中犯规而被罚任意球后。

2．边路进攻

边路进攻的主要特点通常都表现在进攻区域中，随着人们对于足球运动认识的不断加深，人们逐渐意识到球门的中路地带是对球门威胁最大的区域，所以在今后的比赛过程中人们都要集中注意到在球门中路的一些防守方法，对于两边路的防守可以适当放松防守，但是也不能完全放松，在这种防守理念之下，进攻一方便有了可乘之机，进攻球员可以在边路进行攻击，边路进攻通常都是以下底传中或者是内切传球的方式进行的，所以，从这个维度上来讲，传球质量的高低在一定程度上就会决定进攻的效果。

边线传中对于时机的掌握是非常重要的，当最好的射门位置被己方队员占据或即将占据，此时就是边线传中的最好时机，这个时间点对于射门的成功率来说有很大的提高作用。这时候，传球的队员要随着防守队员向球门方向跑动，传球的速度要快，时间要及时。从另外一个角度来讲，下底传球中的落点一定要进行认真的思考，传中的落点通常会有罚球点、中门门柱以及远门柱的位置，另外来讲，远门柱的区域同时也是进行传中的主要落点。

边路进攻中主要包括边线传中（图 6－2－16）和切底回传（图 6－2－17）两种形式。

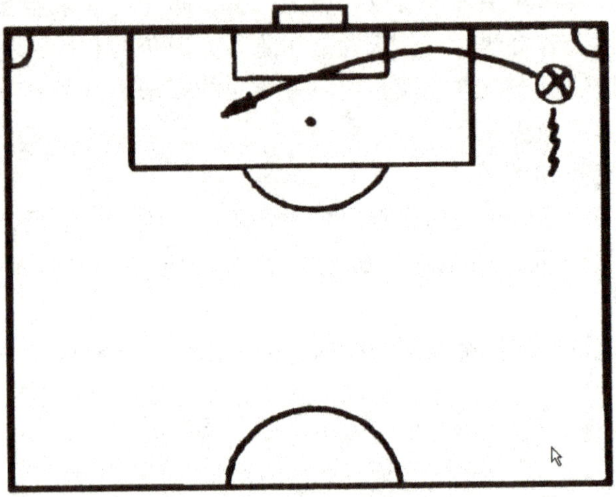

图 6－2－16　边线传中

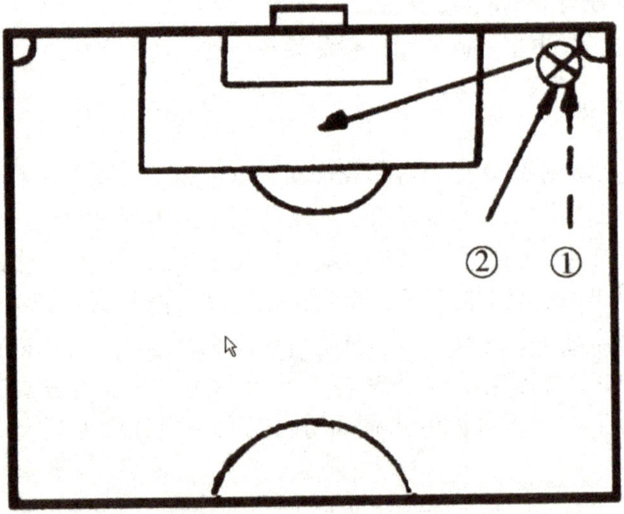

图 6－2－17　切底回传

3．阵地进攻

阵地进攻是一种有组织、有步骤的全新进攻形式，通常发生在对方出其不意抢球的过程当中。这是一种更加谨慎的一种进攻打法，相对来讲这种打法的稳妥性与准确性要比其他打法更好一些。一般来讲，只有那些战术素养良好，技术能力过硬的足球运动员才能够在比赛中掌握进攻的主动权。

4．中路进攻

中路进攻就是由中路球员所发起的进攻，中路进攻是进攻发起点与攻击点直线距离最近的两个点，一旦通过中路进攻的方式突破对方的防线，那么，这个进攻威胁是非常之大的，获得射门机会也是非常多的。但它的缺点也很明显，那就是这一区域通常是防守的重点区域，对方可能会安排多名队员在此进行防守任务，由此可见，突围的难度之高。总体来讲，中路进攻方式是所有进攻方式中威胁力最大的一种，同时也是对个人技术和团队配合能力要求最高的一种进攻方式。

（二）整体防守战术教学

1．任意球防守

（1）争取时间

干扰对手发球，以争取时间组织人墙。

（2）组织人墙

人墙的组织并不是随机的，摆设人墙也是有一定要求的，具体如下。

①要根据罚球地点确定排墙的人数。

②人墙应封堵球门近角一侧。守门员主要防守球门远角一侧，并应看清楚罚球队员和球。

③人墙不宜离球太远，以免影响封堵的角度。

2．人盯人防守

人盯人防守就是指在一个足球队中，所有的运动员都要有赛场上的固定盯防对象，自由人除外。该战术的特点就是比赛中每一位进攻队员无论是在身体上还是在心理上都会有一定的压力。但是从这些年的足球比赛中，我们不难发现人盯人防守正在逐渐淡出历史的舞台，在运动员进行人盯人防守的过程中应该注意一下几点内容。

（1）队员和盯防对象之间的作战能力要匹配。

（2）相同球队的队员之间要相互配合。当一人的盯防出现失误或差池，附近的队员要在不影响比赛的情况下，要机动灵活、反应迅速对他的盯防工作进行补充，以保证整个队伍防守的严密性。

（3）足球运动是一项非常消耗体力的运动，尤其是在防守过程中，防守队员要在全场范围内不停歇地奔跑和逼抢，因此体力素质对于每一位防守队员来说都有较高要求。

3. 混合防守

混合防守就是采用人盯人防守与区域防守相互结合的方式进行防守的方式，在比赛的过程中混合防守可以采用后腰盯人，其他球员进行区域防守的防守方式，或者是特指明某一位球员进行盯人防守，其余球员均进行区域防守的方式。在采用混合防守方式的时候，我们应该注意以下几点。

（1）丢球即抢或迅速封堵。

（2）局部紧逼，相互保护，及时补位。

（3）夹击和围抢。

（4）层层设防，保持队形。

（5）切忌在罚球区域或其附近犯规。

（6）重点盯住进攻的组织者和攻击手。

（7）制造越位。

混合防守的使用能够有效地根据战术的需要进行适当地安排，混合防守的种类也是非常多的，能够在一定程度上表现出一定的灵活性，当对方的进攻主要依靠两名前卫进行的时候，防守方就可以根据这种进攻方式，采用对两名前卫进行紧盯的方式，有针对性地进行防守，能够很大程度地提高防守的质量，其余的队员则可以采用区域盯人的方式进行防守。

4. 区域盯人防守

区域盯人防守就是在一场足球比赛当中，不同的队员有其固定的防守区域，其活动范围也仅限于这些防守区域，当进攻者进入到某位防守队员负责的区域的时候，紧盯这位进攻队员，进而对他将要进行的所有进攻方式进行防御就是改负责队员的主要任务。

区域盯人防守能够明确每个防守者的明确任务，但是这并不意味着人们能够放弃团队之间的协作，当某人防守失败时，临近的队员应该马上进行相应的补位，被进攻队员突破之后，防守队员应该马上与其进行换位，最大限度地保证防守的有效性。这种防守方式的缺点就是队员之间的分工不想人盯人防守那么明确，这也会给进攻者带来很多进攻上的可乘之机。

参考文献

［1］王德平. 新课程教学设计·体育［M］. 大连：辽宁师范大学出版社，2002.

［2］李方. 课程与教学论［M］. 南京：南京大学出版社，2005.

［3］王则珊. 学校体育理论与研究［M］. 北京：北京体育大学出版社，1995.

［4］毛振明. 体育教学论［M］. 北京：高等教育出版社，2005.

［5］周登嵩. 学校体育学［M］. 北京：人民体育出版社，2004.

［6］毛振明. 体育教学改革新视野［M］. 北京：北京体育大学出版社，2003.

［7］王华倬. 中国近现代体育课程史论［M］. 北京：高等教育出版社，2004.

［8］孙亦平. 巴西足球风云［M］. 北京：百花洲文艺出版社，2000.

［9］马卫平. 体育与人［M］. 长沙：湖南师范大学出版社，2009.

［10］李秉德. 教学论［M］. 北京：人民教育出版社，2000.

［11］吴立岗，夏惠贤. 教学的原理、模式和活动［M］. 南宁：广西教育出版社，2001.

［12］王鉴. 课堂研究概论［M］. 北京：人民教育出版社，2007.

［13］曲宗湖. 中小学体育课程教案设计［M］. 桂林：广西师范大学出版社，2001.

［14］邹玉玲. 体育课程导论［M］. 北京：人民体育出版社，2005.

［15］周兵. 现代体育课程评价论纲［M］. 北京：人民体育出版社，2008.

［16］李帅星. 体育运动与儿童右脑的开发［J］. 中国学校体育，1998（5）：70.

［17］孙民治. 现代篮球运动科学化探索［M］. 北京：北京体育大学出版社，2009.

［18］张恩子. 足球教学训练大纲［M］. 北京：科学普及出版社，1991.

[19] 徐英. 可持续发展与企业管理 [M]. 哈尔滨：哈尔滨工业大学出版社，2001.

[20] 于可红. 学校体育学 [M]. 北京：高等教育出版社，2005.

[21] 潘绥铭. 生存与体验 [M]. 北京：中国社会科学出版社，2000.

[22] 孙民治. 篮球运动高级教程 [M]. 北京：人民体育出版社，2000.

[23] 王进. 运动竞赛关键时刻的“发挥失常” [M]. 杭州：浙江大学出版社，2008.

[24] 黄汉升. 体育教学训练理论法 [M]. 北京：高等教育出版社，2003.

[25] 田麦久. 运动训练学 [M]. 北京：高等教育出版社，2006.

[26] 胡启凯. 乒乓球学练理论与实践指导 [M]. 北京：中国书籍出版社，2014.

[27] 毕世杰. 发展经济学 [M]. 北京：高等教育出版社，1999.

[28] 杨一民. 足球战术与技巧 [M]. 北京：人民体育出版社，1996.